管理研究

2020 年第 1 辑

邓大松　向运华　主编

责任编辑：肖丽敏
责任校对：张志文
责任印制：陈晓川

图书在版编目（CIP）数据

管理研究.2020年.第1辑/邓大松，向运华主编.—北京：中国金融出版社，2021.2
ISBN 978-7-5049-9975-7

Ⅰ.①管… Ⅱ.①邓…②向… Ⅲ.①管理学—研究 Ⅳ.①C93

中国版本图书馆CIP数据核字（2021）第032300号

管理研究.2020年.第1辑
GUANLI YANJIU.2020 NIAN.DI1JI

出版 中国金融出版社
发行
社址 北京市丰台区益泽路2号
市场开发部 (010)66024766，63805472，63439533（传真）
网上书店 http://www.chinafph.com
              (010)66024766，63372837（传真）
读者服务部 (010)66070833，62568380
邮编 100071
经销 新华书店
印刷 北京九州迅驰传媒文化有限公司
尺寸 169毫米×239毫米
印张 8.25
字数 113千
版次 2021年2月第1版
印次 2021年2月第1次印刷
定价 30.00元
ISBN 978-7-5049-9975-7
如出现印装错误本社负责调换 联系电话 (010)63263947

编 委 会
(按拼音排序)

陈振明　邓大松　董克用　范如国　贺雪峰　李　光
李维安　娄成武　马费成　马　骏　马培生　倪　星
欧名豪　苏　竣　童　星　王广谦　王培刚　王浦劬
席西民　向运华　徐晓林　薛　澜　郁建兴　袁志刚
张水波　赵建国　周茂荣

目录
○○○ contents

001　　杨　光　　农村特困供养制度的政策述评

011　　陈云凡　　政府购买社会福利服务的契约治理研究

033　　罗　静　　指标体系法在社会效益测评中的缺陷克服
　　　　　　　　——基于重庆市基础教育扶贫效果的实证分析

054　　刘伟兵　　传统路径依赖视角下精准扶贫与农村低保政策
　　　　王文瑜　　　协同研究
　　　　　　　　——以辽宁省J县M村为例

071　　郭慧婷　　内部控制研究现状文献回顾与展望
　　　　郭会玲
　　　　李永平

090　　赵国昌　　城镇房产财富对家庭教育投资决策的影响
　　　　谭靖琢　　——基于中国家庭追踪调查（CFPS）数据

112　　胡平平　　数字技术赋能突发公共卫生事件治理研究
　　　　　　　　——以新冠肺炎疫情防控为例

农村特困供养制度的政策述评

◎杨 光

湖州市医疗保障局/湖州市医疗保障改革发展中心政策研究科，浙江湖州，313000

摘 要：农村特困供养制度是一项具有中国特色的基本权益保障制度。该制度的落实在保障农村鳏寡孤独、残疾人员等农村最弱势、最特殊群体的权益方面取得了一定的成效。本文回顾了农村特困供养制度的发展阶段，对相关政策、保障标准与各地典型经验进行了梳理。研究发现，农村特困供养制度资金来源渠道趋于稳定与多样化，相关制度规定不断完善，保障标准有所提高，实践效果普遍良好，政策的结构体系更加科学规范。

关键词：农村特困老人 农村特困供养制度 养老需求 政策述评

一、农村特困供养制度的发展阶段

通过对政策与文献进行回顾与梳理，本文以具体颁布的政策文件为基础，从筹资方式、政策目标与政策执行效果等角度将我国农村特困供养制度划分为三个阶段（见表1）。

第一阶段是1956—1984年的集中供养时期。1956年全国人大颁布的《高级农业生产合作社示范章程》规定，农村特困人员的补助资金来源于从生产队提取的公益金,用以保证农村特困人员的基本开支,主要包括保"吃"、保"穿"、保"烧"、保"教"和保"葬",这一时期的农村特困供养制度满足了特困对象的基本需求,但是保障水平很低。[1]

第二阶段是1985—2005年的过渡时期。1994年国务院颁布的《农村五保供养工作条例》与1997年民政部发布的《农村敬老院管理暂行办法》[2-3],标志着我国农村特困供养工作有了独立的政策法规。在这一时期,农村特困供养制度的资金来源主要是乡镇收取的统筹费。此外,还有部分由农业税及农业特产税附加列支。这一阶段的政策目标主要还是保障受保对象的基本生活,保证农村特困人员的"衣、食、住、医、葬"。按照制度规定,这一阶段保障标准应不低于当地村民的一般生活水平,比以往有所提高。然而提高保障标准也导致乡镇财政压力加重,制度供需主体都产生了不满意与不满足。

第三阶段是2006年至今的国家供养时期,具体包括后农业时期和制度统筹时期。在后农业时期,国务院颁布了《农村五保供养工作条例》,民政部发布的《农村五保供养服务机构管理办法》;制度统筹时期,国务院颁布了《社会救助暂行办法》。[4-6]这一阶段资金主要来源于县级以上各级人民政府。保障标准提高到"不得低于当地村民的平均生活水平,提供基本生活条件与照料等"。这一阶段的政策制度基本可以满足特困对象的经济需求,但是仍然面临许多问题,如忽视了医疗护理需要与农村特困人员的精神状况等。

表1 农村特困供养制度的政策发展阶段

项目	具体时期	主要政策	政策目标	政策效果
集中供养时期	农业合作化时期	1956年《高级农业生产合作社示范章程》	保吃、穿、烧、教、葬	基本满足特困对象需求,但保障水平很低
过渡时期	乡镇统筹时期	1994年《农村五保供养工作条例》与1997年《农村敬老院管理暂行办法》	保衣、食、住、医、葬并且不低于当地村民的一般生活水平	乡镇财政压力加重,政府和村庄、特困人员作为制度供需主体都产生了不满的情绪
	农业税时期			

续表

项目	具体时期	主要政策	政策目标	政策效果
国家供养时期	后农业时期	2006年《农村五保供养工作条例》与2010年《农村五保供养服务机构管理办法》	保吃、穿、住、医、葬和零用钱并且保障标准不得低于当地村民的平均生活水平	基本满足特困对象的经济需求，但是仍然面临许多问题，如忽视特困对象的身体健康与精神状况，特困对象受到社会排斥并且社会参与度较低等问题
	制度统筹时期	2014年《社会救助暂行办法》	提供基本生活条件，提供照料等	

二、农村特困人员救助供养制度的设立依据、实施机构、救助范围、供养内容与办事流程

（一）设立依据

根据民政部官方网站中公开的办事指南可知，当前我国农村特困供养制度的设立依据主要是《社会救助暂行办法》《国务院关于进一步健全特困人员救助供养制度的意见》以及《特困人员认定办法》。

（二）实施机构

一是县级以上地方人民政府统筹做好本行政区域内特困人员救助供养工作。

二是乡镇人民政府（街道办事处）负责特困人员救助供养工作的申请受理、调查审核，并提出初审意见，报县级人民政府民政部门审批。

三是县级人民政府民政部门负责审查乡镇人民政府（街道办事处）上报的调查材料和审核意见，并随机抽查核实，于20个工作日内作出审批决定。

（三）救助范围

国家对无劳动能力、无生活来源且无法定赡养、抚养、扶养义务人，或者其法定义务人无履行义务能力的城乡老年人、残疾人以及未满16周岁的未成年人，给予特困人员救助供养。特困人员认定条件详见《特困人员认定办法》。[7]

（四）供养内容

特困人员救助供养主要包括以下内容：

一是提供基本生活条件；

二是对生活不能自理的给予照料；

三是提供疾病治疗；

四是办理丧葬事宜。

（五）办事流程

特困人员救助供养制度的具体办事流程如下：首先，由申请人向户籍所在地村民委员会提出申请，申请人去办理申请时应该提供证明其身份的相关证明及相关收入材料等；其次，收到申请材料后，村委会评审小组对申请人进行入户调查，核实其具体情况，并进行民主评议、公示，将符合条件的申请人报乡镇人民政府；再次，乡镇或街道进行二次审核，将符合条件的申请人报县级或市、区级民政部门审批；最后，县级民政部门审查材料时，对于符合条件的申请人，批准发放五保金，并在申请人所在村进行公示，对于不符合申请条件的申请人，书面通知申请人并说明理由。其中，农村特困老人申请救助的具体办事流程如图1所示。

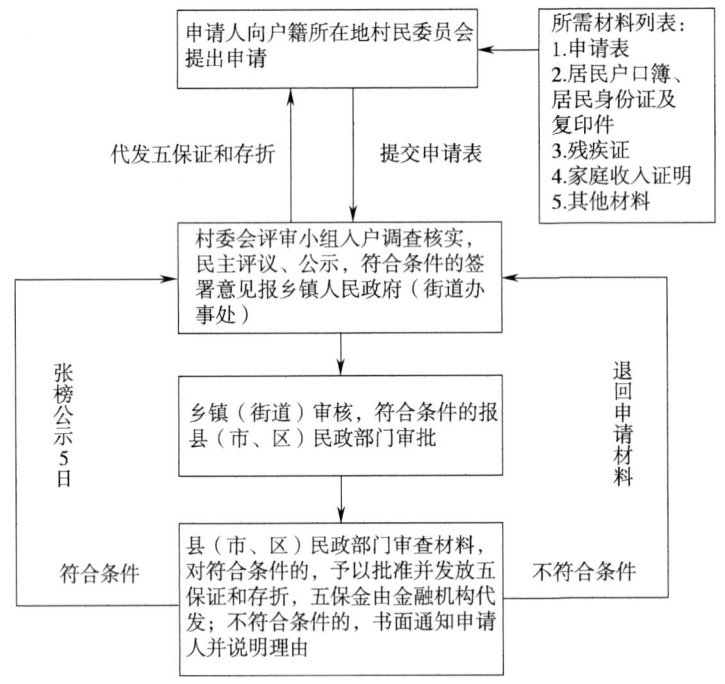

图1 农村特困老人申请救助的办事流程

三、各地农村特困供养制度的保障标准与典型经验

我国农村特困供养制度建立至今，各地方政府在农村特困供养制度的基础之上，推陈出新，根据地域或人口结构特色建立本区域内的农村特困供养制度或其他创新的供养模式。

（一）各地农村特困供养制度的保障标准

北京市区县农村五保供养最低标准是按照统计部门提供的上年度区县农村居民人均消费支出来确定的，2014年全市各区县农村五保供养标准最高的为年人均19307元，最低的为年人均10091元。[8]上海市2016年农村五保日常生活供养标准为不低于每人每月1150元（散居和集中供养为统一标准）。[9]河南把农村五保对象集中供养标准由2011年的每人每年不低于2240元提高到2012年每人每年不低于2480元，分散供养标准由2011年的每人每年不低于1320元提高到每人每年不低于1500元。[10]安徽省的农村五保供养标准包括基本生活标准和照料护理标准，2017年基本生活标准按照不低于上年度当地城乡居民人均消费性支出的60%确定，护理标准则不低于基本生活标准的10%。[11]黄山市2016年全市农村五保对象集中供养标准建议每人每月不低于500元、分散供养标准建议每人每月不低于350元。[12]合肥市从2016年起将全市农村五保供养补助标准提高到国家扶贫标准以上，将全市五保对象供养标准由每人每年不低于2650元统一提高到每人每年不低于3266元。[13]山东省从2013年起，省级财政在不减少原补助的基础上，对农村五保供养对象再按每年人均500元的标准给予专项补助，省级补助不得充抵各地提高标准部分。[14]

（二）典型供养模式

1. 广西壮族自治区五保村：不离开故土的集中供养

广西壮族自治区作为我国农村村民自治组织的发源地，近年来一直在推广针对农村特困老人的"五保村"建设。"五保村"是一种农村特困老人集中供养的新形式。在该形式中，农村特困老人可以居住在熟悉的环境，无须离开家乡，并且政府还为其配备必要的房屋与生活设施。这种创新的

集中供养方式的主要特点是便于管理，农村特困老人的情绪可以更好地被安抚，老人亲属与相关政府部门的管理人员可以经常去探望和照顾。[15]总之，这种集中供养方式比较容易被接受，有助于农村特困老人安享晚年。

2. 江苏省沭阳县："1+1"监护制度与多措并举

农村特困老人的监护权问题是许多地方长期以来的棘手问题，遇到麻烦时各部门容易互相推诿。江苏省沭阳县针对农村特困老人的供养问题开创新举，制定了"1+1"监护制度，规定农村特困老人共有两位监护人：其中一位是农村特困老人的亲属，帮忙照顾农村特困老人的日常生活与环境卫生等；另一位监护人来自当地政府管理人员，如村镇干部等可以作为农村特困老人的第二监护人，负责保障农村特困老人的住房、疾病救助、人身安全等事宜，并定期对老人进行走访。"1+1"监护制度实行以后，全县2662名分散供养五保对象全部签订了监护服务协议书，五保老人的合法权益得到了有效保障。江苏省民政厅转发沭阳县政府办公室《关于进一步做好全县农村分散供养五保对象供养工作的通知》，在全省推广这一做法。[16]

此外，江苏省沭阳县多措并举推进五保供养工作加快发展：其一，严格认定程序，根据"本人申请、村委会评议、乡镇审核、县民政局审批"的工作程序，严把"三关"，坚持"三榜公示"，确保公平公正公开；其二，加强动态管理，建立健全档案管理制度，开展农村五保供养对象核查，进行逐户核查，及时将符合条件的对象纳入保障范围；其三，推进"关爱工程"建设，2016年实施附属设施项目5个，增加床位100张，并为11个乡镇敬老院配发88万元家用电器，全县敬老院硬件设施和生活环境得到明显改善；其四，提高补助标准。[17]

3. 山东省：改造乡镇敬老院，达到一星标准

从2013年起，山东省用三年时间对农村五保供养服务机构进行改造提升，要求省内各地根据当地实际情况，制定切实可行的五保供养机构建设改造规划，将新建、扩建敬老院全部纳入社会养老服务体系建设。各地对新建、扩建敬老院的外观设计、院舍布局等，要以县（市、区）为单位统

一规范。凡改造提升的敬老院，要按照乡镇敬老院改造总体方案，重点对"4室"（公共浴室、卫生室、活动室、办公室）、"2房"（厨房、锅炉房）、"1厅"（餐厅）、"1气"（暖气）、"1卫"（卫生间）进行配套改造。此外，要对农村特困老人的敬老院实施无障碍改造，并专门为农村特困老人中的失能老人安装紧急通信与呼叫设备，保证其遇到突发事件时可以及时寻求帮助或及时就医。2015年，山东省所有五保供养服务机构要达到民政部规定的一星级及以上标准。[14]

4. 汉川市：围绕农村特困老人打造"福星工程"

汉川市围绕五保老人集中供养，在全市对农村福利院进行改建和扩建，全力推进"福星工程"建设。农村五保对象是农村最缺乏自救能力的困难群体，切实维护五保户权益，落实农村五保供养政策，保障五保对象基本生活是实施"福星工程"的主要目的。"福星工程"构建多元化投资格局，市各级政府挖掘自身潜力，广辟财源，并加强管理，提升"福星工程"社会效益。[18]

四、政策述评

通过回顾和梳理农村特困供养制度的政策、保障标准与各地典型经验，本文作出以下评述。

首先，从社会养老保障体系中的内容体系来看，农村特困供养制度建立至今，资金来源渠道趋于稳定与多样化，相关制度规定不断完善，各地纷纷创新保障模式，保障标准也有所提高。保障标准已从"保障农村特困老人基本生活水平"发展到"不低于当地村民平均水平"。由此可见，我国农村特困供养制度在不断进步并且取得了一定成效。然而尚未出台专门关于特困供养的法律，制度的法律基础还不完备。在保障标准上，农村特困供养还是以物质保障为主，缺乏生活照料与精神慰藉方面的保障。此外，资金来源渠道仍有待拓宽。

其次，从社会养老保障体系的层次体系来看，在农村特困供养制度实施过程中，服务的提供主体趋向多元化。从汉川市的"福星工程"可以看出，企业及其他社会组织的积极参与为社会养老保障体系建设增加了活力与资金来源，并为农村特困老人提供更全面的养老保障。然而，由于已有实践经验地域色彩较强、各地经济发展水平不同及相关管理尚不规范，政府还需对多元主体参与农村特困供养服务进一步引导和推广。

再次，从社会养老保障体系中的服务体系来看，农村特困供养制度的实践效果普遍良好。政策效果从制度建立之初的"满足特困对象的基本需求，但是整体保障水平较低"发展到后来的"不低于当地村民的平均水平，满足特困对象的经济需求"。此外，从政策实施的过程来看，越来越多的省市有自己的规范化流程，保证农村特困老人公平公正地获得救助。

最后，从社会养老保障体系的结构体系来看，农村特困供养制度的政策设计越来越科学规范。在制度建立之初，政策将农村特困老人界定为农村"五保"老人，其后的政策将农村"五保"老人与城市"三无"人员合并为特困人员。此外，目前政策趋向于全面化、多元化地满足农村特困老人的养老需求，但仍然重点关注农村特困老人的经济需求与物质需求，忽视了生活照料需求、医疗护理需求与精神慰藉需求等，因此政策设计需要进一步完善。

参考文献

[1] 全国人大. 高级农业生产合作社示范章程 [EB/OL]. (1956-06-30) [2020-03-20]. http：//www.npc.gov.cn/wxzl/wxzl/2000-12/10/content_4304.htm.

[2] 国务院. 农村五保供养工作条例（国务院令第141号）[EB/OL]. (1994-01-23) [2020-03-20]. http：//www.360doc.com/content/17/0601/07/503998_658902412.shtml.

[3] 民政部. 农村敬老院管理暂行办法（民政部令第1号）[EB/OL]. (1997-03-18) [2020-03-20]. http：//www.gov.cn/ztzl/2005-12/31/content_143926.htm.

[4] 国务院. 农村五保供养工作条例（国务院令第456号）[EB/OL].

（2006-01-21）［2020-03-20］. http：//www. lswz. gov. cn/html/zmhd/wmfw/2018-06/14/content_234926. shtml.

［5］民政部. 农村五保供养服务机构管理办法（民政部令第37号）［EB/OL］.（2010-10-22）［2020-03-20］. http：//www. gov. cn/gongbao/content/2011/content_1808597. htm.

［6］国务院. 社会救助暂行办法（国务院令第649号）［EB/OL］.（2014-02-27）［2020-03-20］. http：//www. mca. gov. cn/article/fw/bmzn/shjz/flfg/201507/20150715848487. shtml.

［7］民政部. 在线服务/便民指南/社会救助［EB/OL］.［2020-03-20］. http：//www. mca. gov. cn/article/fw/bmzn/shjz/.

［8］童曙泉. 北京市民政局：农村五保户供养标准首超万元［EB/OL］.（2014-07-04）［2020-03-20］. http：//bj. people. com. cn/n/2014/0704/c82840-21576761. html.

［9］2016年4月1日起上海调整提高城乡低保等社会救助标准［EB/OL］.（2016-04-08）［2020-03-20］. http：//sh. bendibao. com/zffw/201648/159062. shtm.

［10］河南省民政厅. 关于做好2012年城乡居民最低生活保障和农村五保供养工作的通知（豫民文〔2012〕81号）［EB/OL］.（2012-03-23）［2020-03-20］. http：//www. henanmz. gov. cn/system/2013/01/24/010362423. shtml.

［11］檀美玲. 安徽最新农村五保供养实施办法出台，不能自理的五保对象享有护理补贴.［EB/OL］.（2017-03-17）［2020-03-20］. http：//ah. anhuinews. com/system/2017/03/17/007583238. shtml.

［12］黄山市大幅度提高2016年农村五保供养标准［EB/OL］.（2016-01-06）［2020-03-20］. http：//ah. people. com. cn/n2/2016/0106/c373106-27474546. html.

［13］合肥市庐阳区人民政府. 关于印发《合肥市农村脱贫攻坚行动计划》的通知［EB/OL］.（2017-06-15）［2020-03-20］. http：//www. ahhfly. gov. cn/public/9/388581. html.

[14] 山东省民政厅. 山东省民政厅、财政厅关于进一步加强农村五保供养工作的意见（鲁民〔2013〕93号）[EB/OL]. [2020-03-20]. http://www.sdmz.gov.cn/articles/ch00177/201406/e4384a53-b2d4-4399-9e51-2bcc23b7abc4.htm.

[15] 陈文庆. 农村五保户供养的创新模式——广西五保村建设[J]. 传承, 2007（6）：64-66.

[16] 宿迁"1+1"监护制度情暖五保老人[EB/OL]. （2015-12-18）[2020-03-20]. http://www.js.chinanews.com/news/2015/1218/144886.html.

[17] 江苏省沭阳县民政局. 江苏省沭阳县五项措施提升五保供养水平[EB/OL]. （2016-04-18）[2020-03-20]. http://www.cncaprc.gov.cn/contents/10/173725.html.

[18] 五保老人集中供养经验材料[EB/OL]. （2016-06-30）[2020-03-20]. https://wenku.baidu.com/view/11ead51e700abb68a882fbce.html.

政府购买社会福利服务的契约治理研究

◎陈云凡

湖南师范大学马克思主义学院,湖南长沙,410081

摘 要:政府购买社会福利服务本质是一种契约化供给模式。契约治理的关键是界定正式契约、关系契约和协力成效的关系和角色。本文以广东、上海、湖南、陕西四个省市的376位社会组织负责人的数据为基础,建构正式契约、关系契约和协力成效三大结构方程模型,分析得出以下研究结论:政府在购买社会福利服务过程中,正式契约具有规范性和控制性的特点,关系契约具有嵌入性和开放性的特点,正式契约与关系契约是一种互补关系。为推进政府与社会共治局面的形成,建议政府购买社会福利服务契约采用混合治理模式,弱化正式契约的消极防范角色,强化正式契约的积极角色,充分发挥关系契约在促进政府与社会共治中的作用。

关键词:关系契约 正式契约 协力成效 共治

---

* 本文系湖南省社科基金重大委托项目"社会主要矛盾转变后湖南青年需求研究"(18WTA)阶段性成果。

一、研究问题与文献回顾

20世纪80年代以来，社会福利多元化为政府社会福利服务递送提供了新选择。福利多元主义、福利混合经济以及福利国家私有化等概念都主张引入非政府部门力量，以补充或替代政府部门的社会福利角色，达到提升社会福利服务品质的目标。我国政府积极探索行政体制改革。我国政府购买社会福利服务最早可以追溯到上海市浦东新区在1995年探索的"罗山会馆"项目。2000—2010年，各地纷纷开始进行政府购买社会福利服务试点。民政部在2011年7月15日发布的《中国慈善事业发展指导纲要（2011—2015)》中明确提出，要建立和实施政府购买服务制度，推动政府购买社会组织服务工作。党的十八届三中全会提出"加强和创新社会管理，改进政府提供公共服务方式，探索实践政府向社会力量购买服务的新要求"，国家"十三五"规划提出，加强和创新社会治理，要建立共建共享的社会治理格局，党的十九大提出"打造共建共治共享的社会治理格局"，这意味着中国的政府已经从全能政府向有限政府转变。因此，需要以开放的心态平等地对待各类社会主体，整合社会各种资源、动员社会多个主体来共同参与对群众的服务和对国家社会公共事务的管理。政府购买社会福利服务是政府与社会共同治理的一种形式。政府购买社会福利服务是指政府通过合同关系实现公共服务目标的过程，其本质是采取契约化供给模式。购买社会福利服务契约可以分为正式契约和关系契约。[1]正式契约偏向于经济交换，关系契约偏向于社会性的交换需求。[2]关系契约是一种非正式契约，即政府与社会在信任基础上形成的契约（relational contracts），[3]因此，关系契约一般保留较大的裁量和后续空间。[4]基于两类契约衍射出两种治理模式：市场竞争模式和合作协商模式。[5]市场竞争模式通过引入市场竞争模式和激励相约条款来管理委托人。合作协商模式以信任为基础，认为双方是建立在长期的交换、互信、互赖、承诺等的基础上。市场竞争模式的基本逻辑是以市场为手段，通过服务供给者的竞争，达到降低社会福利服务成本和提高社会福利服务效率的目标。在该模式中，政府是购买者，社会福利服务机构是供货商，后者之间可以自由竞争。[6]但市场竞争模式受到市场竞争性、资源充裕性以及服务产品稳定性的影响。[7]而在社会福利服务市场上，具有专业性的服务供给者数量较少，社会福利服务产品性质比较复杂。因此，以市场化方式来提供复杂的社会福利服务是一种更加理性的模式。合作协商模式的基本逻辑是以政府与社会机构互动合作为手段，达到社会福利服务产出最大化的目标。在该模式下，政府购买社会福利服务契约采取的措施包括两方面：一方面，通过与签约机构建立合作互动的弹性关系；另一方面，通过长期契约关系，促进社会福利服务机构专业化，进而保障服务对象享受服务的稳定性和持续性。[8]但是这种模式也存在一些不足。首先，服务合同选择性受到限制。政府一旦与某社会机构签订购买服务契约，二者之间很可能形成长期委托关系，政府难以再在众多机构中做出比较和选择。[9]其次，合谋空间增大。政府部门或者其他利益相关者可能基于私人利益改变契约系统与裁定，进而使弹性空间演变成某些人谋取私利的空间。[10]市场竞争模式基于正式契约，合作协商模式基于关系契约，两种模式的假设前提是关系契约与正式契约，是一种替代关系。

我国各地政府为加强对社会福利服务的监督，沿袭了政府采购的管理程序，通过制定比较严格的委托合同，解决政府购买社会福利服务中的信息不对称问题。因此，我国现有管理模式基本上是基于正式契约的市场竞争模式。该管理模式在实践中面临"大户"垄断、信息不完全等市场失灵困境。为推进政府与社会共治局面的形成，我国政府应该如何有效处理政府购买社会福利服务中的正式契约与关系契约之间的关系，是本文试图探索研究的问题。

二、研究设计

（一）研究假设与概念操作化

1. 研究假设

在不同管理环境下，正式契约与关系契约之间的关系不同。在资产专用性弱和交易不确定性低的条件下，正式契约对关系契约有很强的替代关系。正式契约越详尽，激励相约设计得越合理，交易双方之间的交易成本越低。在资产专用性强和交易不确定性高的条件下,正式契约与关系契约有很强的互补关系。关系契约的引入可以有效矫正正式契约管理中的失灵。因此,正式契约、关系契约及政府与社会协力成效的关系定位主要取决于资产专用性和交易不确定性两个因素。在政府购买社会福利服务项目过程中,交易双方存在以下几个特征:(1)社会组织的资产专用性强。社会组织在社会福利服务方面进行的投资,无论是人力还是设备方面,在完成政府购买项目之后,难以转作其他用途。因此,社会组织的资产专用性强。(2)交易不确定性强。由于社会福利服务的服务竞争性特征,政府购买社会福利服务项目的过程可能存在不确定性、绩效测量的困难与风险认知等交易危机。[11]根据政府与社会组织交易过程中的两个特征,本研究建立以下假设。

H1:政府购买社会福利中清晰规范的正式契约会正向影响政府与社会的协力成效。

H2:政府购买社会福利服务中放入关系契约会正向影响政府与社会的协力成效。

H3:政府购买社会福利服务中的正式契约与关系契约是一种互补关系。

2. 概念操作化

基于研究假设,本研究将建构的结构模型分成三大类:协力成效结构、关系契约结构和正式契约结构。协力成效结构模型研究协力成效受到关系契约和正式契约的影响。关系契约结构模型研究关系契约受到不确定认知、权力不对称、组织信任和风险认知的影响。正式契约结构模型研究正式契约受到不确定性认知、权力不对称和风险认知的影响。潜变量为不确定性认知、风险认知、权力不对称、组织信任、正式契约、关系契约和协力成效。

关于结构方程模型中各变量测量的研究较多。本文将在比较成熟的量表基础上测量上述相关变量。政府与社会的协力成效是指利益相关主体共同协商管理环境中的不确定性,并在责任分担和充分参与基础上达成共识,确保有限资源效益最大化。因此,参照Wheeland开发的政府与社会力量合作测量量表[12],本文从管理不确定性、冲突解决和社会参与三个维度测量协力成效。正式契约主要对政府与社会组织的购买服务合同进行精细化评价。有些量表对购买服务合同的长度进行测量。本文参照 Cannon William 开发的正式契约测量量表[13]，主要对购买服务合同的规范性进行测量。关系契约是通过关系规范来治理政府与社会的合作关系，强调信息共享、弹性、一致性和相关关系等治理工具。关系契约测量参照 Moslein 和 Bergeron 开发的量表[13]，分别测量政府与社会组织的沟通、弹性、一致性与平等性。关于不确定性认知、风险认知、权力不对称和组织信任，本文以 Neumann 和 Speckbacher 的量表为基础[11]，并根据我国政府购买社会福利服务契约特征进行调整。本研究问卷测量指标题目均采用李克特六点尺度量表。在数据分析过程中，将选择非常同意、同意、有点同意、有点不同意、不同意、非常不同意，依序计分为6分、5分、4分、3分、2分、1分（见表1）。

表1 变量测量

潜变量	显变量	计分意义
不确定性认知	10a. 社会福利服务的市场需求与供应量是难以估计的	分数越高，表示不确定性越高
	10b. 社会福利服务的价格是难以估量的	
	10c. 在我所服务的区域中，我难以估计社会福利服务需求的数量	
	10d. 对于社会福利服务不同项目而言，我难以估计它应得到多少政府的补助金额	
风险认知	10e. 一般而言，承担政府购买社会福利服务项目存在一定的风险	分数越高，表示风险越大
	10f. 一般而言，社会福利服务项目会因政府购买的非持续而缺乏稳定性	
	10g. 一般而言，社会福利服务项目风险来自政府部门未履约带来的负面影响	
权力不对称认知	10h. 跟政府合作关系的结束会造成我们在组织运营方面的损失	分数越高，表示政府权力越大
	10i. 跟政府合作关系的结束会影响我们的声誉	
	10j. 我们在社会福利服务方面的计划制定必须视政府在这方面的计划而定	
	10k. 我们对于政府在购买社会福利服务方面投入补助金额的议价能力有限	
	10l. 政府经常为社会福利服务投入必要的设备、人员和资金	

续表

潜变量	显变量	计分意义
组织信任	11a. 政府部门会公平与我签订合同	分数越高，表示对政府部门信任度越高
	11b. 政府部门是值得信赖的	
	11c. 政府在购买社会福利服务方面的行动与我的预期经常一致	
	11d. 政府部门会尽力为我们社会组织着想	
	11e. 政府部门会遵守它与我们之间的承诺	
	11f. 我对购买社会福利服务的政府部门的专业素养有信心	
	11g. 我对购买社会福利服务的政府部门的公信力有信心	
正式契约	13a. 我们与政府之间有正式的协议，清楚说明彼此之间的义务	分数越高，表示正式契约越强
	13b. 我们与政府部门之间互动关系主要基于一开始签订的政府购买社会福利服务合同	
	13c. 我们与政府之间并没有详细和具体的协议	
关系契约	13d. 在承接政府购买社会福利服务过程中，双方能提供准确和及时的信息，并有足够的时间进行沟通	分数越高，表示关系契约关系越强
	13e. 在承接政府购买服务过程中，双方能够弹性修改协议，以合作解决问题和冲突	
	13f. 在承接政府购买服务方案中，对于服务提供的方式和数量，能协商一致	
	13g. 我们与政府部门在利益与成本方面都是公平和公正的	
协力成效	14a. 在提供政府购买服务的过程中，我们不仅能完成服务的供给，而且能学习到如何掌握机会以促进我们和政府之间的利益合作	分数越高，表示协力成效越高
	14b. 在彼此合作过程中，我更能了解到社会福利服务的困难，以及解决困难的办法	
	14c. 在政府购买社会福利服务过程中，我能与政府部门培养出有效的感情	
	14d. 在政府购买社会福利服务过程中，我更有意愿投入人力与资源，使社会福利服务变得更好	
	14e. 在政府购买社会福利服务过程中，我会为了双方共同目标而放弃自己的个人利益	
	14f. 在参加政府购买社会福利服务过程中，我会因被鼓舞而尽力有效落实该方案	
	14g. 我正面看待办理购买社会福利服务的政府部门	

续表

潜变量	显变量	计分意义
协力成效	14h. 政府部门的公开与可信，会消除我对它的疑虑	分数越高，表示协力成效越高
	14i. 在政府购买社会福利服务过程中，我是信任政府部门的	
	14j. 政府部门愿意采纳我们社会组织的意见	

（二）样本选择与实施

1. 样本选择

为了能比较充分地反映社会组织对于政府社会福利服务的有效管理，本研究于2019年在广东、上海、湖南、陕西四个省市开展问卷调研。在每个省抽选两个市/州，每个市/州按照当地民政部门提供的名单，采取等距抽样方法抽选50位社会组织负责人。问卷总共发放400份，剔除无效问卷之后，有效问卷为376份，问卷有效率为94%。

2. 资料分析方法

数据分析与统计主要采用IBM spss 21和IBM spss amos 23统计软件。

三、描述性分析

（一）样本特征

本次选择的样本具有以下特征。一是调查对象中女性比例明显高于男性。调查显示，调查对象中女性负责人为208人，占总体比例的55.3%；男性负责人为168人，占总体比例的44.7%。二是调查对象具有较丰富的公益从事经验。调查显示，调查对象平均有5年以上从事社会福利服务的经历，其中最长达20年，最短也有1年，平均值为5.76年。调查对象都具有政府向其所在组织购买社会福利服务的经历，平均值为9.28次，最多的有100次，最少的也有1次。三是调查对象文化程度以大专和本科为主。调查显示，高中及以下文化程度占总体比例的2.1%，大专文化程度占总体比例的20.2%，本科文化程度占总体比例的54.3%，硕士文化程度占总体比例的16%，博士文化程度占总体比例的7.4%。四是调查组织主要以公益性单位为主。调查显示，公益性民办非企业占总体比例的47.9%，公益性社团占总体比例的18.1%，事业单位批准成立的公益组织占总体比例的5.3%，公益性协会占总体比例的7.4%，其他性质组织占总体比例的21.3%（见表2）。

表2　样本特征

变量	频数（人）	有效百分比（%）	变量	频数（家）	有效百分比（%）
性别			组织属性		
男	168	44.7	公益性社团	68	18.1
女	208	55.3	公益性民办非企业	180	47.9
合计	376	100.0	事业单位批准成立的公益组织	20	5.3
受教育程度			公益性协会	28	7.4
高中以下	8	2.1	其他	80	21.3
大专	76	20.2	合计	376	100.0
本科	204	54.3	从事社会组织工作年限	年限（年）	
硕士	60	16.0	平均值	5.76	
博士	28	7.4	最大值	20	
合计	376	100.0	最小值	1	

（二）政府购买社会福利服务契约及评估的特征

1. 政府购买服务契约体现较强的控制趋向

当前我国政府购买社会福利服务契约体现了较强的控制趋向。一是八成左右的购买社会福利服务合同设置了对服务过程的考核指标与要求。调查显示：76%的购买服务合同中有对服务对象资格的要求，82.3%的购买服务合同中有对服务过程的说明，83.3%的购买服务合同中有确保服务达到某种程度方面的要求，85.4%的购买服务合同中有应保存相关资料并递交服务报告的要求。二是七成以上的购买服务合同设置了对服务结果的考核指标与要求。调查显示：82.3%的购买服务合同中有提供服务数量的要求，75%的购买服务合同中有提供服务的成本的要求，76%的购买服务合同中有关于服务对象满意率方面的要求，84.4%的购买服务合同中有对服务完成率方面的要求。

2. 政府评估主体呈现中立趋向

政府购买社会福利服务的评估主体趋向于中立。调查数据显示,政府购买社会福利服务的评估主体主要由第三方和相关专家组成,44.8%的项目由政府相关部门参与评估,50%的项目由政府委托的第三方部门参与评估,50%的项目由政府聘请的相关专家参与评估。

(三)外部影响因素描述性统计分析

政府购买社会福利服务契约受到不确定性、风险和权力不对称的三个外部因素的影响。

1. 不确定性因素

大多数社会组织负责人认为,在政府购买社会福利服务的过程中,社会福利服务市场供需、服务价格、服务数量和服务补助具有不确定性。调查数据显示:第一,有近八成的社会组织负责人比较同意"难以对整个社会福利服务市场的需求和供给进行估计"的观点,其中,持同意意见的有48.9%,非常同意的有8.5%,有点同意的有21.3%;第二,有近七成的社会组织负责人比较同意"难以估量社会福利服务价格"的观点,其中,同意的有41.5%,有点同意的有19.1%,非常同意的有6.4%;第三,有近六成的社会组织负责人比较同意"难以估计其所在服务区的社会福利服务需求数量"的观点,其中,持同意意见的有37.2%,有点同意的有18.1%,非常同意的有3.2%;第四,有六成多的社会组织负责人比较同意"难以估计社会福利服务的政府补贴金额"的观点,其中持同意意见的有37.2%,有点同意的有19.1%,非常同意的有6.4%。

2. 风险因素

在政府购买社会福利服务项目的过程中,由于政府行为的非持续性和随意性,社会组织在与政府的合作过程中存在一定的风险。调查显示,社会组织负责人在承接政府购买社会福利服务项目过程中普遍感觉存在风险。一是有近七成的人比较同意"承担政府购买社会福利服务项目存在一定的风险"的观点,其中,持同意意见的有33%,有点同意的有31.9%,非常同意的有6.4%。二是有八成多的人比较同意"社会福利服务项目因政府购买的非持续性而缺乏稳定性"的观点。其中持同意意见的有40.4%，有点同意的有25.5%，非常同意的有18.1%。三是有近八成的社会组织负责人比较同意"政府的背信会给受托单位带来负面影响"的观点，其中持同意意见的有41.5%，有点同意的有27.7%，非常同意的有10.6%。

3. 权力不对称因素

在政府购买社会福利服务的过程中，政府与社会组织的资源是相互依赖的，而权力不对称问题将影响社会组织的健康发展。根据调查数据，本文有以下四个发现：第一，有近八成的社会组织负责人比较同意"在合作期间其组织的计划必须根据政府的计划而定"的观点，其中持同意意见的有41.5%的，有点同意的有30.9%，非常同意的有6.4%。八成多的社会组织负责人比较同意"对政府在购买社会福利服务方面投入补助金额的议价能力有限"的观点，其中持同意意见的有50%，有点同意的有24.5%，非常同意的有17%。第二，有六成多的社会组织负责人比较同意"跟政府合作关系结束会影响组织运营"的观点，其中持同意意见的有33%，有点同意的有23.4%，非常同意的有6.4%。第三，有四成多的人比较同意"跟政府合作关系结束会影响他们的声誉"的观点，其中持同意意见的有23.4%，有点同意的有16%，非常同意的有2.1%。第四，有近八成的人比较同意"政府经常为社会福利服务投入必要的设备、人员和资金"的观点，其中持同意意见的有40.4%，有点同意的有30.9%，非常同意的有8.5%。

(四) 调节因素描述统计分析

组织信任是影响政府与社会组织关系契约的重要因素。调查显示，社会组织对于政府的信任度比较高。一是有七成多的人比较同意"政府部门会公平与其签订合同"的观点，其中持同意意见的有46.8%，有点同意的有22.3%，非常同意的4.9%。二是有九成的人比较同意政府部门是值得信赖的，其中持同意意见的有52.1%，有点同意的有21.3%，非常同意的有16%。三是有六成多的社会组织负责人比较同意"政府在购买社会福利服务方面的行动与我的预期经常一致"的观点，其中34%的对此表示同意，29.8%的表示有点同意，5.3%的表示非常同意。四是有七成多的比较同意

"政府部门会尽力为社会组织着想"的观点,其中持同意意见的有35.1%,有点同意的有28.7%,非常同意的有9.6%。五是八成多的人比较同意政府遵守承诺,其中持同意意见的有47.9%,有点同意的有26.6%,非常同意的有12.8%。

(五)正式契约、关系契约与协力成效

1. 正式契约

购买方和受托方之间关系维系主要基于双方的正式协议。根据调查数据,本文在正式契约方面有三点发现。第一,近九成的社会组织负责人比较同意"与政府之间有正式协议,并且清楚地说明彼此之间的义务"的观点,其中60.6%的人对此表示同意,14.9%表示有点同意,19.1%表示非常同意。第二,有八成多的人比较同意"与政府部门之间互动关系主要基于与政府签署的购买社会福利服务合同"的观点,其中55.3%的人对此表示同意,18.1%表示有点同意,10.6%表示非常同意。第三,有六成多的人比较同意"有比较详细和具体的协议"的观点。

2. 关系契约

关系契约在政府购买社会福利服务中占有一定的比例。对此,本文基于调查数据有四点发现。一是有近六成多的社会组织负责人比较同意"在承接政府购买社会福利服务过程中,双方能提供准确和及时的信息,并有足够的时间进行沟通"的观点,其中持同意观点的占50%,非常同意的占9.6%。二是有五成多的社会组织负责人比较同意"在承接政府购买服务过程中,双方能够弹性修改协议,以共同合作解决问题和冲突"的观点,其中44.7%的人表示同意,11.7%表示非常同意。三是有六成多的社会组织负责人比较同意"在承接政府购买服务方案中,对于服务提供的方式和数量,能协商一致"的观点,其中52.1%的人表示同意,11.7%的人表示非常同意。四是有六成多的社会组织负责人比较同意"我们与政府部门在利益与成本方面都是公平和公正的"观点,其中54.3%的人表示同意,9.6%的人表示非常同意。

3. 协力成效

在与政府合作的过程中，政府购买社会福利服务一定程度上能促进政社关系的培养。调查数据显示：54.3%的人同意"在提供政府购买服务的过程中，我们不仅能完成服务的供给，而且能学习到如何掌握机会以促进我们和政府之间的利益合作"的观点；59.6%的人同意"在彼此合作过程中，我更能了解到社会福利服务的困难，以及解决困难的办法"的观点；55.3%的人同意"在执行购买社会福利服务过程中，我能与政府部门培养出有效的感情"的观点；61.7%的人同意"在执行政府购买社会福利服务过程中，我更有意愿投入人力与资源，使社会福利服务变得更好"的观点；57.4%的人同意"在执行购买社会福利服务过程中，我会为了双方共同目标而放弃自己的个人利益"的观点；64.9%的人同意"在参加政府购买社会福利服务过程中，我会因被鼓舞而尽力去使该方案有效落实"的观点；60.6%的人同意"我正面看待办理购买社会福利服务的政府部门"的观点；95.7%的人同意"政府部门的公开与可信，会消除我对他的疑虑"的观点；59.6%的人同意"在购买社会福利服务过程中，我是信任政府部门的"；56.4%的人同意"政府部门愿意采纳我们社会组织的意见"的观点。

四、实证分析

基于研究假设建立三个方程模型：关系契约影响协力成效模型、正式契约影响协力成效模型、关系契约与正式契约作用模型。

（一）测量模型分析

1. 违反估计检视

在检验模式估计时，首先需要检视是否产生违犯估计的现象：（1）有无负误差变异数存在；（2）标准化系数是否超过或太接近1；（3）标准误是否较大。[23]对模型进行违反估计检视的结果表明：标准误全部为正，没有较大的标准误。根据统计要求，标准化参数应该在0.5～1.0，10j、10k、10l、13b都低于0.5，因此应予以删除。从P值看，10i也没有通过显著性检验，也应予以删掉。修正后的模型，标准化参数在0.5～1.0，并全部通过显著性检验。

2. 信度测量

数据信度测量采取计算各子维度的 Cronbach α 值。表 3 的测量结果显示：除风险认知外，其他潜变量都超过 0.8；风险认知标准化 α 值为 0.783，也非常接近 0.8。从整体上来讲，潜变量测量指标具有可信性。

表 3 潜变量的信度检验

潜变量	问题个数	未标准化 α 值	标准化 α 值
不确定性认知	4	0.847	0.848
风险认知	3	0.778	0.783
权力不对称认知	1	—	—
组织信任	7	0.943	0.944
正式契约	1	—	—
关系契约	4	0.864	0.866
协力成效	10	0.893	0.897

（二）结构模型分析与假设验证

1. 关系契约影响协力成效模型

关系契约影响协力成效模型主要分析潜在外生变量（风险认知、权力不对称认知、不确定性认知），调节变量（组织信任），以及潜在内生变量（关系契约和协力成效）之间的关系。从模型的模拟程度结果可知，卡方值为 8.541，自由度为 5，P 值为 0.129（P 值应大于 0.05），CMIN 为 1.708（CMIN 值应小于 4），GFI 为 0.970（GFI 值应大于 0.8），CFI 值为 0.925（CFI 值应大于 0.8）。从各种统计系数可知，模型的模拟程度较高，观测值数据与理论模型较为拟合。表 4 中具体参数结果显示：不确定性认知、风险认知和权力不对称认知对于关系契约的路径系数不显著；组织信任对于关系契约、风险认知、权力不对称认知和不确定性认知的路径系数显著；关系契约对于协力成效的路径系数显著。

表 4 关系契约影响协力成效模型

变量		变量	未标准化系数	标准化系数	S.E.	C.R.	P
风险认知	←	组织信任	0.191	0.240	0.081	2.363	0.018
权力不对称认知	←	组织信任	−0.115	−0.217	0.055	−2.103	0.035
不确定性认知	←	组织信任	−0.316	−0.283	0.111	−2.836	0.005
不确定性认知	←	风险认知	0.554	0.396	0.139	3.996	0.000
权力不对称认知	←	风险认知	0.232	0.349	0.068	3.411	0.000
关系契约	←	不确定性认知	−0.038	−0.064	0.046	−0.822	0.411
关系契约	←	风险认知	0.011	0.014	0.070	0.160	0.873
关系契约	←	权力不对称	−0.070	−0.057	0.094	−0.746	0.455
关系契约	←	组织信任认知	−0.502	−0.769	0.051	−9.828	0.000
协力成效	←	关系契约	1.540	0.732	0.157	9.783	0.000

关系契约影响协力成效模型路径中，八条路径通过1%显著性检验，还有三条路径未通过显著性检验（见图1）。路径检验结果表明：一是关系契约会正向影响协力成效，即政府与社会构建关系越强，社会与政府的协力成效也越强，即假设2通过检验；二是社会组织对政府的信任度提高，会降低其对于政府购买社会福利服务的不确定性认知；三是社会组织对于政府信任度提高，会降低其对于政府购买社会福利服务的权力不对称认知；四是社会组织对于政府信任度提高，可能会增加社会组织与政府合作的风险；五是对于政府信任度提高，可能会提升关系契约的弹性。

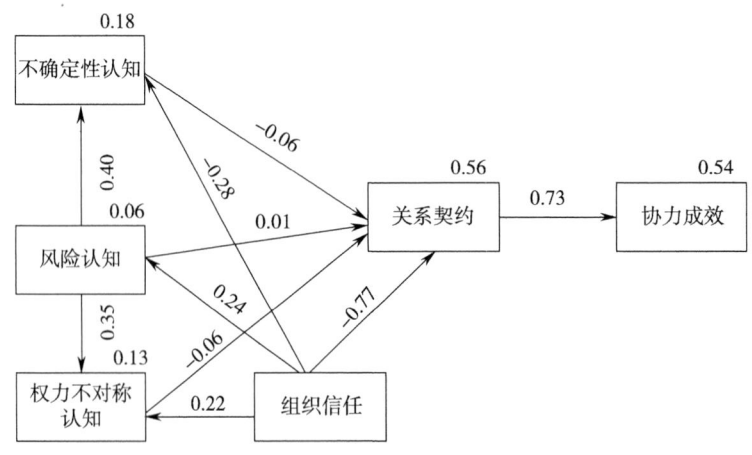

图 1 关系契约影响协力成效结构

2. 正式契约影响协力成效模型

正式契约影响协力成效模型主要分析潜在外生变量（风险认知、权力不对称认知、不确定性认知）和潜在内生变量（正式契约和协力成效）之间的关系。从模型的模拟程度结果可知：卡方值为5.742，自由度为4，P值为0.219，CMIN 为1.708，GFI 为0.970，CFI 值为0.925。表5的路径检验结果表明：不确定性认知、风险认知和权力不对称认知都通过了显著性检验；正式契约对协力成效虽然没有通过显著性检验，但是系数为正。

表5 正式契约影响协力成效模型

变量		变量	未标准化系数	标准化系数	S. E.	C. R.	P
不确定性认知	←	风险认知	0.479	0.346	0.141	3.402	0.000
权力不对称认知	←	风险认知	0.199	0.302	0.068	2.930	0.003
正式契约	←	不确定性认知	0.074	0.291	0.027	2.785	0.005
正式契约	←	风险认知	0.064	0.182	0.039	1.669	0.095
正式契约	←	权力不对称认知	-0.130	-0.241	0.055	-2.350	0.019
协力成效	←	正式契约	0.736	0.148	0.510	1.442	0.149

正式契约影响协力成效模型路径中，在10%的显著性检验下，五条路径通过显著性检验，还有一条路径未通过显著性检验（见图2）。路径检验结果表明：一是社会组织对不确定性认知和风险认知越强，就越希望政府加强正式契约的约束和规范；二是在政府购买社会福利服务过程中，社会组织对权力不对称认知越强，对于正式契约约束和规范作用认可就越低；三是正式契约对于协力成效会产生正向的促进作用。

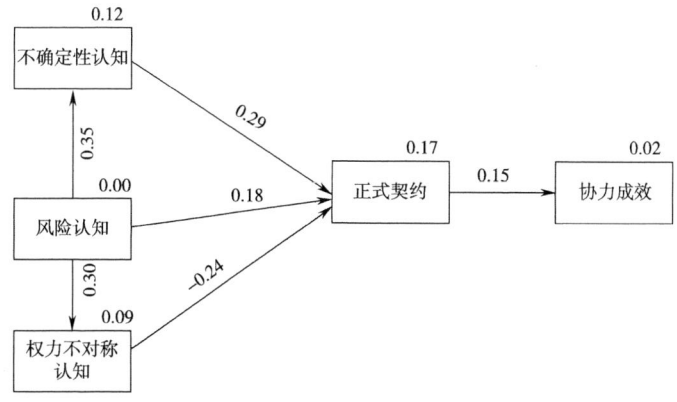

图2 正式契约影响协力成效模型路径

3. 关系契约与正式契约作用模型

关系契约与正式契约作用模型主要分析不确定性认知、风险认知、权力不对称认知、组织信任等潜在变量对于正式契约和关系契约的影响,同时也分析正式契约和关系契约对于协力成效的作用。模型的模拟程度结果显示,卡方值为19.708,自由度为7,P值为0.06,CMIN为2.815,GFI为0.941,CFI值为0.886(CFI值应大于0.8)。从各种统计系数可知,模型的模拟程度较高,观测值数据与理论模型较为拟合。路径显著性检验结果表明,风险认知、权力不对称认知、不确定性认知、关系契约对正式契约影响,以及组织信任对关系契约影响和关系契约对于协力成效的影响都通过了显著性检验(见表6)。

表6 关系契约与正式契约作用模型

变量		变量	未标准化系数	标准化系数	S.E.	C.R.	P
关系契约	←	不确定性认知	-0.036	-0.055	0.052	-0.691	0.490
关系契约	←	风险认知	0.011	0.011	0.079	0.134	0.893
关系契约	←	权力不对称认知	-0.065	-0.048	0.104	-0.624	0.533
关系契约	←	组织信任	-0.502	-0.772	0.050	-10.085	0.000
正式契约	←	不确定性认知	0.076	0.274	0.030	2.570	0.010
正式契约	←	风险认知	0.073	0.184	0.045	1.626	0.104
正式契约	←	权力不对称认知	-0.127	-0.222	0.059	-2.139	0.032
正式契约	←	关系契约	0.153	0.362	0.062	2.463	0.014
正式契约	←	组织信任	0.055	0.200	0.046	1.200	0.230
协力成效	←	正式契约	0.075	0.015	0.416	0.180	0.857
协力成效	←	关系契约	1.534	0.731	0.176	8.731	0.000

路径检验结果表明:一是社会组织对于政府信任度越高,关系契约越有弹性;二是社会组织对不确定性认知和风险认知越高,越希望通过正式契约进行管理;三是社会组织对于权力不对称认知越强,对正式合同的效力认可就越低;四是关系契约作用越强,就越要求增强对正式契约的完备程度,正式契约与关系契约是互补关系,即假设3得到验证;五是关系契约作用越强,政府与社会协力成效也越好(见图3)。

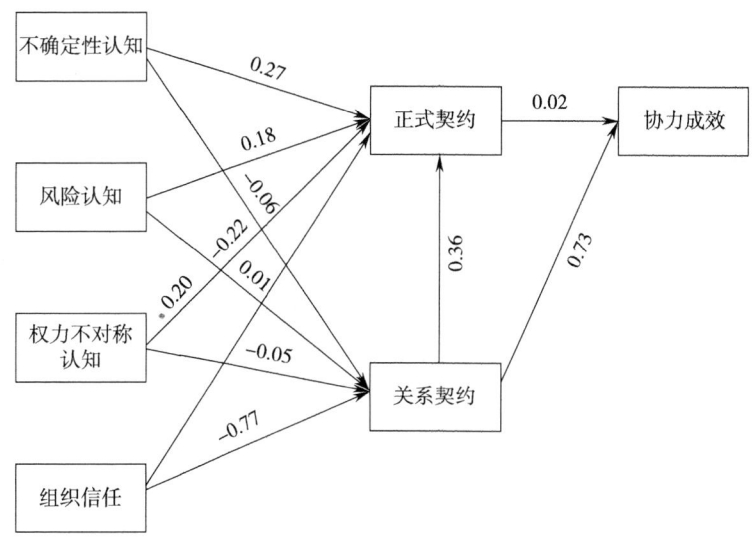

图 3　关系契约与正式契约作用模型

变量之间总体效果包括变量对另一个变量的直接效果和其通过中介变量作用于另一个变量所产生的间接效果。从效果可知：第一，不确定性认知和风险认知会对正式契约产生正向作用，而不确定性认知产生正向总体效果更明显；第二，关系契约和正式契约都会对协力成效产生正向作用，但是关系契约对协力成效产生的总体效果更明显。关系契约对协力成效除了有直接效果外，还通过正式契约产生间接效果。这说明，正式契约与关系契约在政府购买社会福利服务过程中是互补关系，这也验证了假设3（见表7）。

表 7　变量的总体效果、直接效果和间接效果

类别	变量	组织信任	权力不对称认知	风险认知	不确定性认知	关系契约	正式契约
总体效果	关系契约	-0.772	-0.048	0.011	-0.055	0.000	0.000
	正式契约	-0.080	-0.239	0.188	0.254	0.362	0.000
	协力成效	-0.565	-0.039	0.011	-0.037	0.736	0.015
直接效果	关系契约	-0.772	-0.048	0.011	-0.055	0.000	0.000
	正式契约	0.200	-0.222	0.184	0.274	0.362	0.000
	协力成效	0.000	0.000	0.000	0.000	0.731	0.015
间接效果	关系契约	0.000	0.000	0.000	0.000	0.000	0.000
	正式契约	-0.279	-0.017	0.004	-0.020	0.000	0.000
	协力成效	-0.565	-0.039	0.011	-0.037	0.005	0.000

五、结论与建议

（一）结论

1. 正式契约的规范性与控制性

正式契约在政府购买社会福利服务中角色具有双重性：从契约执行角度来看，社会组织负责人认为正式契约越具有规范性，政府与社会组织之间的不确定性就越低，政府与社会组织之间的风险认知就越低。但从契约合作效果来看，社会组织负责人又认为，现有正式契约过于强调控制，对于政社协力成效产生的效果甚微。导致正式契约具有双重角色的原因主要有两个。一是权力不对称。权力过大，导致政府对与社会组织签订的契约有较大的变动和修改权，所以双方签订正式契约对于政府的约束力比较有限。在政府购买社会福利服务过程中，社会组织议价能力有限，政府掌控社会组织参与公共服务的准入权，双方无法按照商业惯例进行交易。有些基层政府受到权力与利益等力量的驱使容易出现以购买形式扩展政府边界的问题。政社权责关系不对等使政府在购买社会福利服务中扮演了政策制定者、服务购买者、结果评判者等多重角色，因此，购买服务合同对政府约束力也就形同虚设。二是信息不完全。政府试图通过比较完备的约定来解决契约签订后的各种问题。但社会福利服务本身存在测量难、监测难等信息不完全问题，导致正式契约存在一定的失灵现象。在政府购买社会福利服务过程中，权力不对称与信息不完全容易造成恶性循环。社会组织负责人认为政社权力越不对称，政府购买社会福利服务契约就应越详尽。而信息不完全导致合同越详尽，失灵就越严重，进而政府对社会组织控制和干预得就越多，政社权责也就越不对称。

2. 关系契约的嵌入性与锁定性

关系契约有利于促进政府与社会的协力成效。实证结果显示，关系契约越强，政府与社会协力成效越大，这与关系契约的嵌入性是相关的，政府购买社会福利服务契约都是嵌入在复杂关系中的。在政府购买社会福利服务的关系契约中交易双方并不是陌生人，因此，交易双方的互动发生在正式契约之外。契约履行并不需要通过法院依照合同来强制执行，而是通过合作与威胁、声誉与交流等平衡机制来实现的。政府购买社会福利服务的契约是在一定的情境下发生的，基于嵌入性，契约只有在购买者和服务提供者于特定的语境中做出合意的判读和解读时才能得到准确的阐释。因此，关系契约的嵌入性决定了要从嵌入关系入手去履行契约，履行政府购买社会福利服务契约依赖于政府与社会的合作关系。同时，关系契约具有一定的锁定性。不确性认知、风险认知等影响路径没有通过显著性检验与关系契约的锁定性相关。政府购买社会福利服务的关系契约会带来一定锁定效应。在购买社会福利服务过程中，如果过于强调关系契约，政府与社会组织的合作关系就会出现进入壁垒，不利于新的社会组织进入，进而导致政府与社会合作僵化，造成社会福利损失。因此，关系契约的锁定性在解决不确定性和风险认知方面不具有优势。

3. 正式契约与关系契约的互补性

研究结果显示，关系契约对于正式契约和协力成效的影响路径都通过了显著性检验。正式契约虽然对于协力成效没有通过显著性检验，但是它们之间的作用系数为正，说明关系契约与正式契约不是替代关系，而是互补关系。这主要有三方面的原因。一是合作的长期性。政府购买社会福利服务已经成为公共服务供给的一种常态，政府与社会组织建立了长期合作关系，政府购买社会福利服务契约也随时间延伸而继续。契约的规范也不太可能或者无法适当地解决未来交易中可能产生的突发事件，而突发事件的发生未获得适当的处理势必会损及协同合作的氛围。在这种负面效应持续增长的系统动态关系中，冲突终究影响社会关系的构筑。所以，当短期购买合同转向长期购买合同时，关系契约的运用不可缺乏，关系契约维系着双方持续和互惠的关系，当有改变和冲突产生时，关系契约也会促进正式契约的精练。二是声誉的激励性。政府购买社会福利服务契约的长期性，使政府与社会组织从有限博弈变成重复博弈。在重复博弈过程中，购买方可以根据对方行为判断其声誉状况，并由此决定是否建立合作关系。因此，交易双方不仅要考虑当前利益，而且还要考虑长期利益。声誉激励机制存在，就会降低交易方的机会主义行为。因此，即使契约存在不完全情况，政府购买社会福利服务契约的结果也可以达到均衡。三是购买的开放性。政府与社会组织合作不是一个封闭圈子，而是一个开放平台。[14]因此，从福利供给多元化来看，政府购买社会福利服务只有在开放平台下才能整合和优化资源。关系契约在缺乏竞争的环境下，容易产生锁定效应。正式契约具有规范性和开放性，精确设计的正式契约可以限制交易面临的锁定风险。因此，政府购买社会福利服务中关系契约与正式契约具有互补性，关系契约培育的信任关系有利于弱化正式契约控制导向，解决正式契约对长期不确定情景的不适应性。正式契约的规范性有利于建立开发竞争的平台，营建政府与社会的信任关系，化解关系契约可能出现的锁定风险。

（二）建议

一是建构混合治理模式，促进政府与社会协作。关系契约与正式契约之间是一种互补关系。当前我国政府购买社会福利服务的契约治理，不能简单地选择市场竞争模式或合作协商模式，而是要综合两者优势，实现混合治理模式。这就需要满足以下几个方面的要求。首先，要协同并进。在购买社会福利服务的过程中，政府要善于借鉴市场机制和社会机制的优势，通过自身的主导作用，发挥市场开发性与社会嵌入性优势，激活社会组织[15]，既要化解市场失灵，也要防止政府失灵。其次，要通力合作。在路径选择上，政府先以正式契约规范政府购买社会福利服务的行为，建立开放性合作平台，之后以关系契约解决正式契约的不完全性，营建政府与社会组织的信任互惠关系。最后，要功能互补。正式契约应发挥其规范性优势；关系契约应以政府与社会的对等、互信、信息分享、相互依赖及长久的合作关系为重点。

二是建立开发合作平台，强化正式契约的积极角色作用。正式契约对政府购买社会福利服务具有较强的规范性作用。混合治理模式的建构要求强化正式契约的积极角色，具体强化内容包括以下几点：首先，要发挥正式契约的选择性功能。签订政府购买社会福利服务契约以项目方式管理，因此这一过程不是政府与某家社会组织建立固定关系。政府通过建立项目发布和招标机制,择优确定投标者,以激励社会组织不断提升自身项目管理与实施能力。其次,要发挥正式契约的引导性功能。正式契约要着眼于对专业性服务方法和程序的规范,以引导社会组织加强专业性建设。最好要发挥正式契约的开放功能。正式契约积极角色的建构一方面应制定明确和清晰的正式规范,另一方面在制定正式契约时应考虑双方是否为对等地位的关系,以及供需市场的限制、有限理性等约束因素,对不确定的未来情况保持弹性和灵活性。

三是建立长期合作关系,发挥关系契约的培育作用。发挥关系契约培育政府与社会共治的功能可以从以下几方面着手。首先,要建立责信评估机制。一个公开透明、资源共享和注重社工伦理管理的管理架构,有利于培育政府与社会关系,促进政府与社会关系发展成公私协力的关系。其次,要发挥声誉激励专有性投资功能。政府与社会长期合作过程中,如果没有建立有效的声誉激励机制,就容易出现"鞭打快牛"的"棘轮效应"。因此,建议加强社会组织声誉评估机制建设,将社会组织声誉引入对社会组织的评估中,激励社会组织投入与积累专有性资产。最后,要提升政府的协商能力。关系契约要求政府与社会在平等关系上进行协商。因此,为建立长期合作关系,各级政府要提升对人民群众社会需要的研判能力、社会环境的应变能力以及对于弹性条款的协商能力。

参考文献

[1] Rousseau D M. Psychological and implied contracts in organizations [J]. Employee Responsibilities & Rights Journal, 1989, 2 (2): 121 - 139.

[2] Andersen Johan O. Public-Private Partnerships: Organisational Hybrids as Channels for Local Mobilisation and Participation? [J]. Scandinavian Political Studies, 2004, 27 (1): 1 - 21.

[3] Eisenberg M A. Why There Is No Law of Relational Contracts [J]. Northwestern University Law Review, 1999, 94 (3): 805 - 821.

[4] Kettner Peter M, Martin, Lawrence L. "Purchase of Service Contracting: Two Models" [J]. Administration in Social Work, 1990, 14: 15 - 30.

[5] Dehoog R H. Competition, Negotiation, or Cooperation Three Models for Service Contracting [J]. Administration & Society, 1990, 22 (3): 317-340.

[6] Skelcher C. Public-private partnerships and hybridity [J]. Oxford Handbook of Public Management, 2005.

[7] Milne R G. Market-type Mechanisms, Market Testing and Market Making: A Longitudinal Study of Contractor Interest in Tendering [J]. Urban Studies, 1997, 34 (4): 543-559.

[8] 许源. 购买场域中的组织特征及其制度逻辑：政府购买服务供给市场研究 [J]. 学习与实践, 2016 (1): 76-86.

[9] 曹俊. 我国政府购买服务中契约责任失效问题研究 [J]. 江苏社会科学, 2017 (5): 124-130.

[10] Hoffmann W H, Neumann K, Speckbacher G. The effect of interorganizational trust on make-or-cooperate decisions: Disentangling opportunism-dependent and opportunism-independent effects of trust [J]. European Management Review, 2010, 7 (2): 101-115.

[11] Wheeland C M, Wheeland C M. Implementing A Community-Wide Strategic PlanRock Hill's Empowering the Vision 10 Years Later [J]. American Review of Public Administration, 2003, 33: 46-69.

[12] Cannon J P, Perreault W D. Buyer-Seller Relationships in Business Markets [J]. Journal of Marketing Research, 1999, 36 (4): 439-460.

[13] Ferguson R J, Paulin M, Bergeron J. Contractual Governance, Relational Governance, and the Performance of Interfirm Service Exchanges: The Influence of Boundary-Spanner Closeness [J]. Journal of the Academy of Marketing Science, 2005, 33 (2): 217-234.

[14] 陈成文, 黄诚. 论优化制度环境与激发社会组织活力 [J]. 贵州师范大学学报（社会科学版）, 2016 (1): 50-56.

[15] 陈云凡, 王丹. 政府购买助残服务契约责信架构研究 [J]. 社会工作, 2015 (6): 3-11.

指标体系法在社会效益测评中的缺陷克服
——基于重庆市基础教育扶贫效果的实证分析*

◎罗 静

重庆理工大学管理学院，重庆，400054

摘 要：指标体系是公共政策评价中最常用的方法，但指标体系选择的主观性、指标体系的价值导向及指标体系理论与实践的差异颇受争议。本文引入社会学的扎根理论，将指标体系选择与实践工作关联，找到更契合基础教育扶贫实践的指标体系，再通过德尔菲法两轮专家问卷筛选出理论与实践相结合的评价指标。在指标体系基础上，用层次分析法比较重庆市"一区两群"的基础教育扶贫效果，用综合评价函数比较重庆市各区县基础教育扶贫效果，并分项目对重庆市基础教育扶贫效果进行比较分析。

关键词：扎根理论 基础教育 扶贫效果

---

* 本文系 2018 年度重庆市教育委员会人文社会科学研究项目"快速城镇化背景下重庆基础教育服务均等化评价及均衡发展路径"（18SKGH102）、2018 年重庆市社会科学规划项目"社会组织参与重庆智慧养老的模式及实现路径"（2018QNSH40）、重庆市教育科学规划课题"重庆市基础教育扶贫效果测量及均衡发展策略"（2018 – GX – 106）的成果。

一、基于扎根理论确定扶贫效果测算指标体系

扎根理论最初由美国学者 Glaser 和 Strauss 提出,是指经过系统性的资料收集与分析,通过不断比较与提炼能够反映社会现象的概念,厘清范畴与范畴之间的关联,最终形成研究的理论支持。扎根理论的研究目的是弥补理论与实践的脱节,在尊重现实经验的前提下,深化理论研究解决实际问题的指导能力。[1]扎根理论的基本操作流程是"访谈—编码—模型"。按照这个思路,本文借鉴扎根理论的理念和方法,通过专家访谈、整理信息、进行编码、厘清基础教育扶贫效果评价的核心概念及核心概念与现实实践的关联和指向,最后得出指标体系。

(一)制作访问提纲

按照扎根理论的目标,需要找出理论与现实的结合点,而不是用现实去论证理论的合理性。因此在访谈中,要接受现实与理论的矛盾之处,不能对受访专家进行引导性的提问,要尊重和鼓励受访者的个人意见和观点。当现实与传统理论和认知发生冲突时,需要做到尊重现实,而不是否定现实。开放性的问题、详细的记录和受访者情绪的感知是要考虑到的因素。

但开放性的问题并不是无边界的问题,而是有主题性的。具体来说,要围绕基础教育扶贫效果,请受访者分别列出判别基础教育扶贫效果的关键事件,包括成功事件、不成功的实践和负面事件各三项,并让受访者尽可能详细地描述整个事件的起因、过程、结果、时间、人物、影响,以及自己的想法和评价。具体访谈提纲如表1所示。[2]

表1 访谈提纲设计逻辑

访谈主题	问题列举	目的
主要经历及与基础教育的关系	简单介绍您的个人工作经历,以及这些年对基础教育和扶贫工作的认识	了解受访者的身份、背景和工作,以及个人经历与基础教育扶贫的关联程度
基础教育扶贫与其他扶贫方式的区别	结合您的工作和经历,您认为基础教育扶贫与其他扶贫方式有何区别	透过被访者的经历和工作背景,了解被访者对基础教育扶贫的认识

续表

访谈主题	问题列举	目的
扶贫效果的表现	你认为基础教育扶贫效果有哪些?具体表现在什么地方	了解被访者对基础教育扶贫效果的感受和理解
扶贫效果的提升	您认为影响基础教育扶贫效果发挥的调整有哪些?还可以从哪些方面进一步提高基础教育的扶贫效果	了解基础教育扶贫效果的影响因素,以及基础教育扶贫的挑战和需改进之处

(二)选择受访对象

要尽量选择与研究主题关联度大,能够为研究问题提供大量、专业、核心信息的人作为受访者。本文选择的受访对象的类型包括中小学教师、教育局基础教育工作人员、中小学校长、民政部门扶贫办工作人员、基层扶贫工作人员、中小学教学管理人员、中小学生、基础教育研究人员和扶贫救助研究人员。在与潜在对象进行充分沟通、协调和访问后,最终确定19人为本次访谈的对象。受访者情况介绍如表2所示。

表2 受访者基本特征统计

特征维度	具体类型	人数	百分比(%)
性别	男	9	46.70
	女	10	53.30
单位	中小学	6	31.60
	政府部门	4	21.00
	高校及研究机构	2	10.50
	其他	7	36.80
职位	教育局基础教育工作人员	1	5.30
	民政部门扶贫办工作人员	1	5.30
	基层扶贫工作人员	2	10.50
	教学管理人员	1	5.30
	中小学教师	5	26.30
	中小学学生	2	10.50
	中小学学生家长	5	26.30
	基础教育研究人员	1	5.30
	扶贫救助研究人员	1	5.30

续表

特征维度	具体类型	人数	百分比（%）
职称	高级	4	21
	一级	2	10.50
	二级	2	10.50
	无职称	11	58

（三）访问记录及编码

在正式访问中，访问者要熟悉掌握访谈内容，按照访谈大纲的主题推进访问，尽可能全面地收集受访者提供的信息，并获取原始资料的行程编码。此次调查访问19个人，获得访谈信息共计14万字，其中个人字数最多的1.5万字，字数最少的4000字。

编码及数据分析过程如下：利用ATLAS.Ti软件对访谈资料进行分析和整理，经过开放性编码、主轴编码、选择性编码三个阶段，统计受访者核心词汇的出现频率，按照受访者谈话建立核心范畴与主范畴的对应关系，提出基础教育扶贫效果测评的体系指向。从表3可以看出：访谈对象认为基础教育扶贫效果评价需要体现公平、社会责任和缩小差距的价值指向；将扶贫效果分为直接效果、发展性效果和社会性效果三个方面，硬件环境、财政投入、教学质量、师资、升学、就业、收入、财产、健康、满意度、均等化、心理收益、生活质量、缩小差距是效果表现的高频词汇；影响因素则主要涉及地区差异、人口流动、人口增长、财政能力、个人能力等方面。基础教育扶贫效果评价模型包括价值导向、评价主体、扶贫效果和影响因素四个部分，按照扶贫效果的指标指向，得出初级评价体系（见表4），将体系中3个类别、14个项目和41个具体指标交由专家团队评估，进入多轮专家问卷调查阶段。

表3 核心范畴与主范畴的对应关系

核心范畴	主范畴
价值观	公平、社会责任、缩小差距
扶贫直接效果	硬件环境、财政投入、教学质量、师资

续表

核心范畴	主范畴
扶贫发展性效果	升学、就业、收入、财产、健康
扶贫社会性效果	满意度、均等化、心理收益、生活质量、缩小差距
影响因素	地区差异、人口流动、人口增长、财政能力、个人能力

表4 基础教育扶贫效果评价指标体系咨询

类别	项目	指标	类别	项目	指标
直接效果	硬件环境	校舍面积	发展效果	收入	平均工资
		图书馆藏书量			劳动时间
		电脑台数			劳动报酬
	财政投入	教育支出		财产	人均住房面积
		生均经费			商品房数量
		教育支出/财政支出			家庭汽车拥有率
		教育支出/财政收入			住户存款
		教育支出/GDP		健康	自评健康程度
	教学质量	升学率			卫生技术人员/千人
		课外活动			医疗保险覆盖率
		综合素质	社会效果	满意度	基础教育整体满意度
	师资	教师数量		均等化	基础教育项目均等化程度
		生均教师数量			基础教育空间均等化程度
		师资职称		心理收益	读书有没有用
		师资年龄结构			回馈社会的意愿
发展效果	升学	平均受教育年限		生活质量	生活质量主观评价
		本专科生占比			幸福感
	就业	就业率		缩小差距	缩减地区经济差异
		劳动参与率			缩减地区文化差异
		找到满意的工作			缩减地区思想差异
		家庭成员职业构成			

二、基于德尔菲法筛选基础教育扶贫指标体系

将基于扎根理论得出的基础教育扶贫效果评价模型和指标体系咨询表作为蓝本,进行多轮专家问卷咨询,找出核心指标。[3]

(一)第一轮专家咨询意见

专家在第一轮咨询中指出原指标表存在以下问题:一是指标间的评价意义和内涵相似或相近较多;二是定性指标少,定量指标多;三是指标评价体系没有表达益贫性评价要求。结合第一轮指标体系的平均得分、离散程度和标准差,删除同类指标,增加定性指标和益贫性指向指标,得到基础教育扶贫指标体系第一轮结果(见表5),随后进行第二轮咨询。

表5 基础教育扶贫效果评价体系

一级指标	二级指标	三级指标	一级指标	二级指标	三级指标
直接效果	硬件环境	校舍面积	发展效果	财产	住户存款
	财政投入	教育支出		健康	自评健康程度
		生均经费			卫生技术人员/千人
		教育支出/财政支出		满意度	基础教育整体满意度
	教学质量	学生满意度		均等化	基础教育项目均等化程度
		综合素质			基础教育空间均等化程度
	师资	生均教师数量	社会效果	心理收益	读书有没有用
发展效果	升学	平均受教育年限			回馈社会的意愿
	就业	就业率		生活质量	生活质量主观评价
		就业满意度			幸福感
	收入	平均工资		缩小差距	缩减地区差异的主观感受
	财产	人均住房面积			

(二)第二轮专家咨询意见

专家第二轮咨询意见如下:考虑到实际评估的可行性,建议定量指标尽量与统计数据和统计指标保持一致,定性指标由问卷调查获得。直接效果是基础教育投资的结果,发展效果和社会效果指标更能体现教育扶贫对

发展性贫困的反击力度，体现益贫性的价值导向。同时结合指标的平均得分、离散程度和标准差，经过调整后得出第二轮专家咨询指标体系结论（见表6）。

表6 基础教育扶贫效果评价体系

一级指标	二级指标	三级指标	性质	一级指标	二级指标	三级指标	性质
直接效果	财政投入	教育支出/财政收入	定量	发展效果	财产	住户存款	定量
	教学质量	教学满意度	定性		健康	卫生技术人员/千人	定量
	师资	生均教师数量	定量	社会效果	满意度	扶贫满意度	定性
发展效果	升学	升学满意度	定性		均等化	缩减地区差距	定性
	就业	就业率	定量		心理收益	读书有没有用	定性
		就业满意度	定性			回馈社会的意愿	定性
	收入	居民可支配收入	定量		生活质量	生活质量主观评价	定性
	财产	减轻家庭开支	定性			缩小个体差异	定性

三、重庆市基础教育扶贫效果的测算方法比较

在定性指标和定量指标相结合的情况下，测算基础教育扶贫效果可以考虑运用层次分析法和综合评价函数的方法。层次分析法是通过指标体系的相对重要性确定指标权重，再根据各个方案中指标体系的不同给出各方案的综合比较结果。该方法适用于方案较少、定性和定量指标相结合的评价体系。[4]综合评价函数则通过将指标体系各个值进行标准化，去掉量纲的影响，再用最大最优或者最小最优的方法计算指标权重，用综合函数给出各自的扶贫效果。综合评价函数的方法适合比较对象相对较多、指标数值明确的体系。[5]

（一）层次分析法

首先，根据层次分析法（AHP），利用yaahp分析软件，结合现实经验，确定表6中一级指标和二级指标的权重。其次，根据分项指标具体数值计算每个指标对应的得分，然后按照每个指标的权重，进行加权，最后计算出

重庆"一区两群"中各地区基础教育扶贫效果得分。每个指标数值最高的一个地区为100分,其余地区按照该地区数值与最高分值地区数值之比乘以100分,折合成可以计算的分数。每个指标得分均按此方式计算。

计算各地区基础教育扶贫效果评价得分值的公式如下:

$$P = \sum_{j=1}^{n} w_j x_j$$

其中,P 表示基础教育扶贫效果综合得分,w 表示第 j 个指标的权重,x 表示第 j 个指标的评分值,j 表示指标个数。

P 值越大,则表示基础教育扶贫效果越强;P 值越小,则表示基础教育扶贫效果越差。为了使指标体系中各项得分能够相加,计算每个地区的总得分,课题组根据分项排名计算相对分。设定每项二级指标评分中得分最高的地区,该项指标最终得分为100分,其他地区该项指标的最终得分为其得分除以最高分的相对百分数。每项得分均按此原则逐一计算;接着按照每个二级指标的权重汇总得到一级指标的得分;最后汇总所有一级指标分值,并按照赋予的权重,得出各区综合排名。

(二)综合评价函数

首先,运用熵值法分别求出基础教育扶贫效果评价指标的权重。将具体指标层数值标准化。标准化的方式有两种:以最小者为优时,采用公式(1);以最大者为优时,采用公式(2)。计算指标体系矩阵贡献度,将标准化后的数据代入公式(3),得出具体指标对类型指标的贡献度冗余;将具体指标贡献度代入公式(4),($k=1/\ln m$),得出类型指标总贡献度冗余;将总贡献度冗余代入公式(5),得出指标的最终贡献度。最后将公式(5)计算所得的值代入公式(6),分别得出基础教育扶贫效果指标权重。

$$r_{ij} = \frac{a_{ij} - \min_{j}\{a_{ij}\}}{\max_{j}\{a_{ij}\} - \min_{j}\{a_{ij}\}} \tag{1}$$

$$r_{ij} = \frac{\max_{j}\{a_{ij}\} - a_{ij}}{\max_{j}\{a_{ij}\} - \min_{j}\{a_{ij}\}} \tag{2}$$

$$p_{ij} = \frac{r_{ij}}{\sum_{i=1}^{m} r_{ij}} \tag{3}$$

$$e_j = -k \sum_{j=1}^{m} (p_{ij} \ln p_{ij}) \quad 0 \leq E_j \leq 1 \tag{4}$$

$$d_j = 1 - e_j \tag{5}$$

$$w_j = \frac{d_j}{\sum_{j=1}^{n} d_j} \quad 0 \leq w_j \leq 1, \sum_{1}^{n} w_j = 1 \tag{6}$$

$$F(j,x) = \sum_{i=1}^{n} w_i \frac{x_{ij}}{\max x_{ij}} \tag{7}$$

其次,将计算的指标权重代入公式(7),分别求得基础教育扶贫效果综合评价值。

四、重庆市基础教育扶贫效果测量的实证分析

(一)重庆市基础教育扶贫效果的区域比较分析

重庆市"一区两群"[①]中,主城区的涪陵、南川和潼南在18个贫困区县之中,两群中的梁平和垫江不属于贫困区县,在计算中均予以扣除。整理后得到的原始数据如表7所示。

表7 重庆市"一区两群"基础教育扶贫效果评价体系数据

一级指标	二级指标	三级指标	主城区	渝东北城镇群	渝东南城镇群
直接效果	财政投入	教育支出/财政收入	0.17	0.20	0.20
	教学质量	满意度	3.91	3.86	2.72
	师资	生均教师数量	0.06	0.07	0.07

---

① 一区是指主城区,包括渝中区、大渡口区、江北区、沙坪坝区、九龙坡区、南岸区、北碚区、渝北区、巴南区、涪陵区、长寿区、江津区、合川区、永川区、南川区、綦江区、大足区、璧山区、铜梁区、潼南区、荣昌区和万盛经开区。两群是指渝东北生态城镇群和渝东南城镇群。渝东北生态城镇群包括万州区、开州区、梁平区、城口县、丰都县、垫江县、忠县、云阳县、奉节县、巫山县、巫溪县;渝东南城镇群包括黔江区、武隆县、石柱县、秀山县、酉阳县、彭水县。

续表

一级指标	二级指标	三级指标	主城区	渝东北城镇群	渝东南城镇群
发展效果	升学	升学满意度	3.49	3.76	3.43
	就业	就业率	0.76	0.77	0.84
		就业满意度	4.43	4.65	4.13
	收入	人均可支配收入	32855	20103	19693
	财产	减轻家庭开支	4.45	4.41	4.12
		住户存款	61073	37537	33990
	健康	卫生技术人员/千人	7.50	5.42	5.69
社会效果	满意度	扶贫满意度	3.69	3.88	3.48
	均等化	缩减地区差距	4.21	4.43	3.33
	心理收益	读书有没有用	4.79	4.71	4.76
		回馈社会的意愿	4.40	4.35	4.03
	生活质量	生活质量主观评价	4.72	4.50	3.96
		缩小个体差异	4.40	4.14	3.92

注：数据由《2015年重庆市1%抽样人口调查报告》《2018年重庆市统计年鉴》及问卷调查整理而来。

按照层次分析法的步骤，建立层次分析模型，通过两两对比的形式，求出"一区两群"地区的权重和评估总分（见表8），以及各项指标权重和区域指标分项得分（见表9）。

表8 重庆市"一区两群"权重与评估得分

项目	主城区	渝东北城镇群	渝东南城镇群
权重	0.4222	0.3588	0.219
总分	96.40	91.28	84.27

表9 基础教育扶贫效果区域分项得分

一级指标	二级指标	三级指标	指标权重	主城区	渝东北城镇群	渝东南城镇群
直接效果	财政投入	教育支出/财政收入	0.0833	85.85	97.84	100.00
	教学质量	满意度	0.0833	100.00	98.68	69.52
	师资	生均教师数量	0.0833	94.76	95.76	100.00

续表

一级指标	二级指标	三级指标	指标权重	主城区	渝东北城镇群	渝东南城镇群
发展效果	升学	升学满意度	0.0833	92.83	100.00	91.16
	就业	就业率	0.0417	91.55	91.85	100.00
		就业满意度	0.0417	95.42	100.00	88.76
	收入	人均可支配收入	0.0833	100.00	61.19	59.94
	财产	减轻家庭开支	0.0417	100.00	99.15	92.48
		住户存款	0.0417	100.00	61.46	55.65
	健康	卫生技术人员/千人	0.0833	100.00	72.25	75.92
社会效果	满意度	扶贫满意度	0.0833	94.95	100.00	89.50
	均等化	缩减地区差距	0.0833	94.85	100.00	74.98
	心理收益	读书有没有用	0.0417	100.00	98.36	99.26
		回馈社会的意愿	0.0417	100.00	98.77	91.42
	生活质量	生活质量主观评价	0.0417	100.00	95.46	83.87
		缩小个体差异	0.0417	100.00	94.16	89.07

如图1所示，2018年在重庆市"一区两群"中，主城区基础教育扶贫效果最高，得分达到96.4分，渝东北城镇群次之，得分为91.28分，渝东南城镇群得分最低，得分为84.27分。相比较而言，在基础教育扶贫效果的发挥方面，主城区占据了明显的优势。

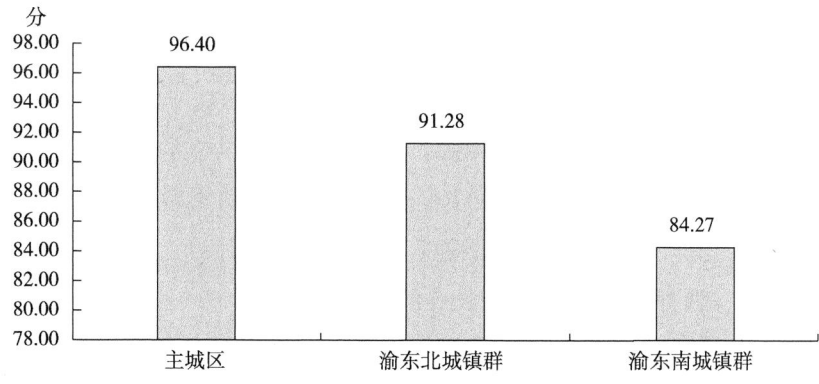

图1 2018年重庆市基础教育扶贫效果区域评价总分分布

从指标分项来说，主城区域基础教育扶贫在社会效果和发展效果方面积极意义突出。如图 2 所示，主城区的基础教育扶贫的社会效果突出，人们更加认可基础教育扶贫在缩减地区差异、提高心理收益和生活质量方面取得的积极效果，也认同基础教育在个人发展能力中的作用，尤其是有利于个人财产和收入的提高。另外主城区在教育投入比重方面不占优势，得分在 90 分以下，其余指标得分均在 90 分以上。主城区教育投入占财政支出的比例得分较低，并不意味着主城区在基础教育上投入不足。相较于其他区域，主城财政收入基数大，同时各区县在教育投入的绝对数上差异并不大，主城区的教育投入占比自然相对较低。

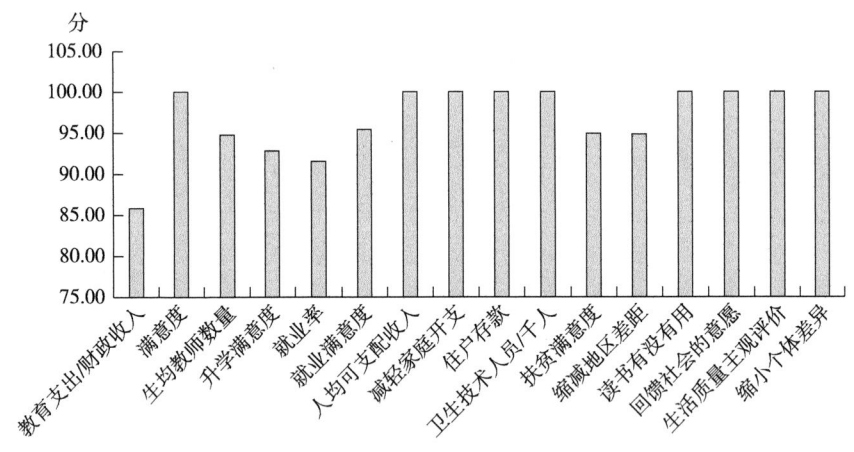

图 2　主城区基础教育扶贫效果评级项目分布

渝东北城镇群基础教育扶贫发展能力效果有待提高。如图 3 所示，得分低于 80 分的项目有人均可支配收入、住户存款和卫生技术人员/千人，3 个指标都指向发展效果。基础教育在反贫困中最主要的指向是提高个体的发展能力，减少贫困者的社会脆弱程度。因而，在今后的工作中，渝东北地区要注重基础教育扶贫对贫困者发展能力的培育。

渝东南城镇群基础教育扶贫在直接效果、发展效果中的财产和收入，以及社会效果中的满意度和缩减地区差异方面有待改进。如图 4 所示，低于 80 分的指标有满意度、人均可支配收入、住户存款、卫生技术人员/千人、

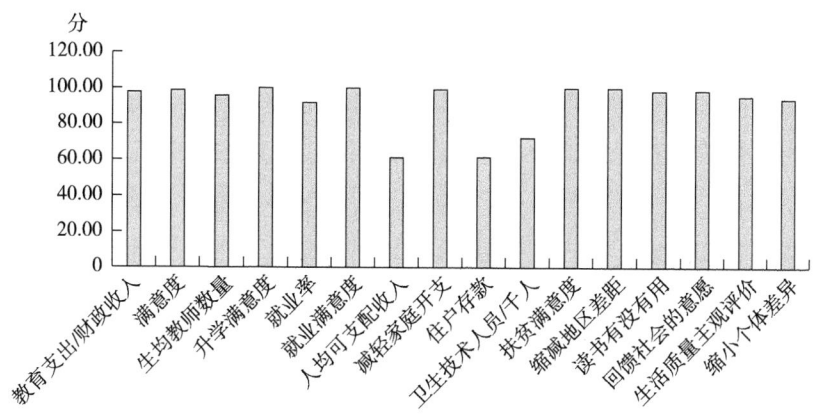

图3 渝东北城镇群基础教育扶贫效果评级项目分布

缩减地区差距5个指标，人均可支配收入、住户存款两项指标更是低于60分。渝东南各个指标与渝东北和主城区差距较大，是未来基础教育资源空间布局需要优先考虑的地区。

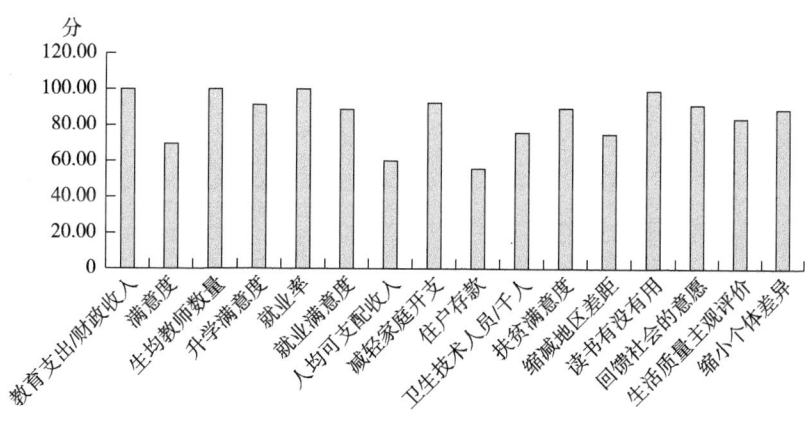

图4 渝东南城镇群基础教育扶贫效果评级项目分布

（二）重庆市基础教育扶贫效果的区县比较分析

根据评价指标体系，找出重庆市各区县基础教育扶贫评价指标数值表（见表10），按照综合评价函数的步骤与做法，求出各区县基础教育扶贫综合评价指数（见表11）。具体结论如下。

第一，非贫困地区扶贫效果仍然强于贫困地区。非贫困地区基础教育扶贫效果综合评价指数平均为 0.85，有 19 个地区超过 0.8，95% 的非贫困地区教育扶贫效果综合评价指数在 0.8 以上。而贫困地区基础教育扶贫效果综合评价指数均值为 0.82，低于非贫困地区，且只有 67% 的区县综合指数在 0.8 以上。在地区均衡性中，非贫困地区也稍占优势。非贫困地区综合评价指数离散系数为 0.036，贫困地区该系数为 0.11。非贫困地区内部各区县之间的扶贫效果差异小，区域均衡性更强，而贫困地区内部各区县间扶贫效果差异较大，区域内部均等性有待改善。问卷调查也反映了区县间的均衡性。非贫困地区基础教育缩小地区差距的平均分为 4.237 分，贫困地区这一分数为 3.96 分，即在基础教育缩小地区差距的认知中，非贫困地区的人们比贫困地区的人们感受更好。

第二，经济状况并不决定区县基础教育扶贫效果的发挥。所有区县中扶贫效果最好的是丰都县，综合指数为 0.95，效果最差的是奉节县，综合指数是 0.62。如表 11 所示，在非贫困地区，基础教育扶贫效果综合评价指数最高的地区是璧山区，综合指数达到 0.9，排名第二到第四的依次是巴南区、长寿区、渝中区和大渡口区。主城区中，北碚区、江北区、南岸区和九龙坡区排位分别为第 19 位、第 18 位、第 16 位、第 15 位；而丰都县、巫溪县、开州区和万州区综合指数在 0.9 以上。经济、地理位置或者学校的多寡并不是影响基础教育扶贫效果的决定性因素，基础教育服务在反贫困中的益贫性和对贫困人口发展能力的帮助，以及资源供给与现实需要的协调程度才是关键。

第三，在贫困地区中，渝东北区县整体实力强于渝东南区县。丰都县、巫溪县、开州区和万州区都属于渝东北城镇群，综合指数均在 0.9 以上，扶贫效果不逊于主城区，是重庆市基础教育扶贫的"先头兵"。渝东南基础教育扶贫工作仍需进一步努力，黔江区、秀山县和彭水县综合指数均低于 0.8。

表 10 重庆市各区县基础教育扶贫效果评价指标数值

区县	教育支出/财政收入	教学质量满意度	生均教师数量	升学满意度	就业率	就业满意度	平均工资（元/年）	减轻家庭开支	住户存款（亿元）	卫生技术人员/千人	扶贫满意度	缩减地区差距	读书有效有用	回馈社会的意愿	生活质量主观评价	缩小个体差异
万州区	0.20	4.00	0.06	4.00	0.72	4.86	73565	4.57	815.98	6.69	3.71	4.71	5.00	4.86	4.71	4.71
黔江区	0.18	1.00	0.07	3.00	0.74	4.00	77454	4.00	153.68	7.65	3.00	1.00	5.00	3.00	4.00	1.00
涪陵区	0.14	3.33	0.06	2.67	0.80	3.67	70391	3.67	458.35	6.06	3.50	3.50	4.33	3.67	3.50	3.50
渝中区	0.17	3.93	0.09	3.64	0.78	4.36	88340	4.43	827.52	31.01	3.93	4.29	4.71	4.43	4.64	4.29
大渡口区	0.15	3.67	0.07	3.67	0.62	5.00	83336	4.67	268.59	8.50	4.00	4.33	5.00	4.67	4.33	4.33
江北区	0.13	3.78	0.06	3.56	0.70	4.11	94778	4.33	793.24	11.26	3.56	4.33	4.56	4.22	3.78	4.33
沙坪坝区	0.20	3.89	0.06	3.78	0.64	4.67	76997	4.33	873.69	9.66	3.67	4.33	4.67	4.44	4.33	4.33
九龙坡区	0.16	4.06	0.06	3.82	0.77	4.06	75593	4.06	994.16	9.29	4.06	4.06	4.88	4.12	4.24	4.06
南岸区	0.15	3.54	0.05	3.46	0.63	4.23	82557	4.31	711.35	8.68	3.69	4.23	4.69	4.46	4.54	4.23
北碚区	0.21	3.25	0.07	3.00	0.75	4.25	83333	4.25	456.23	6.88	3.50	4.00	4.50	4.25	4.25	4.00
渝北区	0.18	3.58	0.06	3.58	0.66	4.33	86779	4.58	1473.68	5.40	3.33	4.50	4.75	4.42	4.33	4.50
巴南区	0.17	4.00	0.07	3.64	0.75	4.73	84031	4.64	525.52	6.08	3.91	4.73	4.91	4.73	4.59	4.73
长寿区	0.20	3.50	0.08	2.50	0.84	4.50	76009	5.00	383.21	5.12	4.00	4.50	5.00	4.50	4.50	4.50
江津区	0.17	3.85	0.06	3.62	0.86	4.21	71378	4.26	654.71	3.92	3.50	4.18	4.74	4.18	4.26	4.18
合川区	0.19	3.86	0.07	3.43	0.80	4.29	73018	3.86	600.76	5.13	3.29	4.14	4.86	4.43	4.71	4.14
永川区	0.20	3.67	0.06	3.50	0.65	4.33	69438	4.50	457.20	6.15	3.83	4.17	4.83	4.50	4.50	4.17
南川区	0.16	4.11	0.06	3.84	0.87	4.80	79387	4.53	229.69	6.29	3.80	4.58	4.89	4.69	4.58	4.58
綦江区	0.19	3.00	0.08	3.00	0.76	5.00	78732	4.00	431.57	6.19	4.00	4.00	5.00	5.00	5.00	4.00
大足区	0.15	3.00	0.06	3.00	0.85	4.67	68842	4.67	281.69	4.14	3.67	4.67	4.67	4.33	4.33	4.67
璧山区	0.13	4.67	0.06	4.33	0.80	4.33	67911	5.00	340.26	6.00	3.67	5.00	5.00	5.00	4.67	5.00

续表

区县	教育支出/财政收入	教学质量满意度	生均教师数量	升学满意度	就业率	就业满意度	平均工资（元/年）	减轻家庭开支	住户存款（亿元）	卫生技术人员/千人	扶贫满意度	缩减地区差距	读书有没有用	回馈社会的意愿	生活质量主观评价	缩小个体差异
铜梁区	0.20	3.25	0.06	3.25	1.08	4.75	78367	4.25	351.82	5.74	2.75	4.25	4.50	4.75	4.25	4.25
潼南区	0.20	3.33	0.07	3.33	0.97	4.00	82964	4.00	261.53	4.30	3.67	3.33	4.67	4.00	4.00	3.33
荣昌区	0.21	4.00	0.07	4.00	0.85	4.00	75234	5.00	264.94	5.99	4.00	2.00	5.00	4.00	4.00	2.00
开州区	0.23	4.00	0.06	3.80	0.69	5.00	70029	5.00	482.06	4.69	3.80	5.00	4.71	5.00	4.40	5.00
梁平区	0.19	3.86	0.06	3.76	0.92	4.65	65161	4.41	320.23	5.39	3.88	4.43	5.00	4.35	4.50	4.14
武隆区	0.17	4.00	0.07	4.00	0.80	4.00	79943	4.00	126.76	4.43	3.00	4.00	5.00	4.00	4.00	4.00
城口县	0.12	3.86	0.07	3.76	0.67	4.65	72897	4.41	58.48	5.86	3.88	4.43	4.71	4.35	4.50	4.14
丰都县	0.19	5.00	0.07	5.00	0.91	5.00	71201	5.00	258.46	5.25	5.00	5.00	5.00	5.00	5.00	5.00
垫江县	0.20	3.60	0.06	3.60	0.92	4.60	71098	4.60	277.07	6.08	4.20	4.60	5.00	4.60	4.20	4.60
忠县	0.22	3.00	0.06	3.00	0.97	4.00	75109	4.00	344.98	4.89	3.00	4.00	5.00	4.00	4.00	4.00
云阳县	0.23	4.00	0.07	3.00	0.79	4.67	70988	4.33	331.05	4.82	3.67	4.33	3.00	4.67	4.33	4.33
奉节县	0.19	3.00	0.07	3.00	0.76	4.00	61929	3.00	217.44	5.52	3.00	3.00	5.00	3.00	3.00	3.00
巫山县	0.17	3.86	0.07	3.76	0.66	4.65	81105	4.41	136.03	5.38	3.88	4.43	4.71	4.35	4.50	4.14
巫溪县	0.19	4.00	0.08	4.50	0.77	5.00	65660	5.00	112.17	4.56	5.00	5.00	5.00	5.00	5.00	5.00
石柱县	0.21	3.67	0.07	3.50	1.05	4.50	79288	4.67	168.53	6.58	4.50	4.50	4.83	4.83	4.50	4.50
秀山县	0.20	2.72	0.07	3.43	0.78	4.13	80779	4.12	140.16	6.03	3.48	3.33	4.76	4.03	3.96	3.92
酉阳县	0.23	2.72	0.06	3.43	0.79	4.13	84489	4.12	169.38	4.35	3.48	3.33	4.76	4.03	3.96	3.92
彭水县	0.23	3.20	0.07	3.20	0.91	4.00	84307	3.80	153.26	5.14	3.40	3.80	4.20	4.00	3.60	3.80

注：数据由作者根据《2015年重庆市1%抽样人口调查报告》《2018年重庆市统计年鉴》和问卷调查整理而来。

表 11 重庆市各区县基础教育扶贫效果综合评价指数

序号	非贫困地区	综合指数	直接效果	发展效果	社会效果	序号	贫困地区	综合指数	直接效果	发展效果	社会效果
1	璧山区	0.90	0.07	0.22	0.61	1	丰都县	0.95	0.09	0.24	0.62
2	巴南区	0.89	0.08	0.23	0.59	2	巫溪县	0.93	0.09	0.23	0.62
3	长寿区	0.89	0.09	0.22	0.57	3	开州区	0.93	0.10	0.23	0.60
4	渝中区	0.87	0.09	0.23	0.55	4	万州区	0.91	0.09	0.23	0.59
5	大渡口区	0.87	0.08	0.22	0.57	5	石柱县	0.89	0.08	0.22	0.58
6	垫江县	0.87	0.09	0.22	0.56	6	南川区	0.88	0.08	0.22	0.58
7	綦江区	0.87	0.08	0.21	0.57	7	云阳县	0.88	0.10	0.21	0.57
8	渝北区	0.86	0.08	0.23	0.56	8	巫山县	0.84	0.08	0.21	0.55
9	沙坪坝区	0.85	0.09	0.22	0.55	9	城口县	0.83	0.07	0.21	0.55
10	梁平区	0.85	0.09	0.22	0.55	10	忠县	0.82	0.09	0.20	0.53
11	永川区	0.85	0.09	0.21	0.55	11	武隆区	0.81	0.08	0.20	0.53
12	大足区	0.85	0.07	0.22	0.56	12	酉阳县	0.80	0.09	0.20	0.51
13	铜梁区	0.84	0.08	0.22	0.54	13	秀山县	0.79	0.08	0.20	0.51
14	合川区	0.84	0.09	0.20	0.55	14	潼南区	0.78	0.09	0.20	0.49
15	九龙坡区	0.83	0.08	0.21	0.54	15	彭水县	0.78	0.09	0.20	0.49
16	南岸区	0.83	0.07	0.21	0.55	16	涪陵区	0.73	0.07	0.18	0.47
17	江津区	0.83	0.08	0.21	0.54	17	黔江区	0.65	0.07	0.19	0.39
18	江北区	0.82	0.07	0.22	0.53	18	奉节县	0.62	0.08	0.17	0.37
19	北碚区	0.82	0.09	0.21	0.52						
20	荣昌区	0.77	0.09	0.22	0.46						

(三) 重庆市基础教育扶贫效果的项目比较分析

首先，基础教育扶贫社会效果最为突出。如图5所示，在直接效果、发展效果和社会效果中，三个区域的社会效果评估结果远远好于其余两个项目。主城区和渝东北城镇群社会效果更好，渝东南城镇群社会效果稍差。社会效果由满意度、均等化、心理收益和生活质量四个模块组成，指标权重分别是3%、11%、33%、16%。心理收益是影响基础教育扶贫社会效果最重要的因素，读书有没有用、读书后有没有回馈社会的意愿是判定心理收益的关键因素（见表12）。基础教育的作用不仅指给受教育者带来知识，还包括传承文化和培育社会观念。"扶贫先扶智"的意义就在于传递教育的积极意义，肯定读书的作用，使受教育者读书后会有主动回馈社会的意愿。由此，才能形成贫困地区社会观念的良性互动。

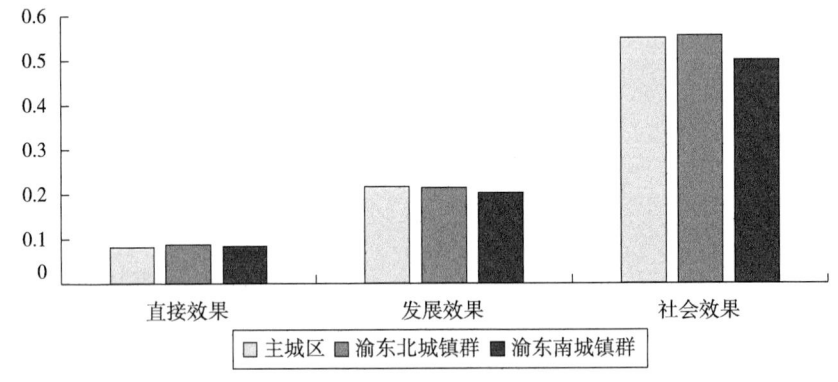

图5 基础教育扶贫效果区域分布

表12 社会效果指标权重

效果	二级指标	三级指标	权重
社会效果	满意度	扶贫满意度	0.03
	均等化	缩减地区差距	0.11
	心理收益	读书有没有用	0.23
		回馈社会的意愿	0.10
	生活质量	生活质量主观评价	0.06
		缩小个体差异	0.10

其次，从具体分项来看，师资力量是直接效果的弱项，健康是发展效

果的弱项,满意度是社会效果的弱项。从表13中可以看出,各个项目最差表现次数不同:在直接效果中,有18个区县都是师资表现最差,占比达47.4%;发展效果中,23个区县健康表现最差,占比达到60.5%;而在社会效果中,有33个区县满意度表现得分最低,占比高达86.8%。

最后,三类教育扶贫效果在各区域表现各不相同。主城区影响基础教育扶贫效果发挥的指标影响力度基本均衡。其中,直接效果的弱点在师资,主城区内次数占比超过50%,财政投入和教学质量出现次数相同,各占25%;发展效果的最明显的弱项为健康项目,共入选17次;社会效果方面,则有19个主城区的满意度不佳。

渝东北城镇群直接效果弱点仍然在师资,占比高达54.5%;其次是教学质量,占比达到36.4%。发展效果不足表现在健康和财产中的住户存款,占比分别为55%和45%,经济能力不足和健康能力不足共同制约着地区基础教育扶贫效果的发挥。在社会效果中,扶贫满意度仍然是最需要改进的地方,11个区县中满意度表现都是最差的项目。

渝东南城镇群与主城区、渝东北城镇群差别较大。在直接效果实现中,教学质量是地区最大的弱项,有83%的区县认为教学质量不佳,仅有1个区县认为师资是最薄弱的部分。在发展效果实现中,财产中的住户存款成为最弱项,从侧面也反映了经济因素在渝东南扶贫中的关键地位。

表13 扶贫效果弱项分布

效果	项目	主城区	渝东北城镇群	渝东南城镇群
直接效果	财政投入	5	1	
	教学质量	5	4	5
	师资	11	6	1
发展效果	升学	0		
	就业	0		
		0		
	收入	0		
	财产	0		
		4	5	6
	健康	17	6	

续表

效果	项目	主城区	渝东北城镇群	渝东南城镇群
社会效果	满意度	19	11	3
	均等化			3
	心理收益			
	生活质量	2		

五、启示与建议

第一，访谈准备工作要充分。在前期访谈中，主持人要提前做访谈大纲，了解受访者基本情况，准备访谈问题。在访谈中不得引导受访人的思路、回答、观点和倾向，但是当访谈严重偏离主题时，主持人需要适当地拉回话题，保证访谈的效率。

第二，受访对象选择要高度关联。扎根理论研究前期访谈并不是一个普调活动，受访对象是这个领域的理论专家和实践专家。其只有对访谈的内容有清晰的认识，才能够深入地表达自我的观点和认知，提供有效的访谈结果。

第三，整理的材料、编码结果要和理论、实际反复对比。访谈手稿是编码的基础，编码后得出的概念、观点和指标要与现实、理论进行反复对比。编码是对访谈材料的提炼总结，是一个机械化的过程，并不涉及分析，更不考虑结果与现实或者理论的适应性。研究者需要通过理论思考，反复对比编码结果、理论和现实状况，得出更符合理论与实际的编码结果。

第四，在专家多轮咨询过程中，指标可增可减。在进行指标咨询时，要向专家说明前期访谈的结果，告知专家咨询的指标可增可减，围绕研究主题考虑指标，增减都是合理的。

第五，选择合适的方法。层次分析法、综合评价函数、数据包络法、灰色模型法等作为研究方法本身没有优劣的差别，选择适合自己研究的方法即可。

第六，所有定量研究的结果都是参考结果。在数据处理和结果应用中，需要注意数据、结果是一个参考值，不是一个绝对值。在不同的研究前提和研究假设下，结果不具可比性，更加不能够进行加减乘除。做定量研究的目的是为了能够更加清晰地论证观点，而不是得到一堆数据比较好坏。

参考文献

［1］GLASER B. Basics of Grounded Theory Analysis［M］. Mill Valley, CA：Sociology Press，1992.

［2］付业勤，曹娜. 基于扎根理论量表开发的网络舆情对旅游地形象传播研究［J］. 统计与决策，2016（20）：65－68.

［3］姜涛. 物理探究课有效教学评价指标体系构建研究［D］. 重庆：西南大学，2013（5）：59.

［4］严武，陈运娟，林毓铭. 层次分析法在社会效益评价中的应用［J］. 统计研究，1992（2）：69－72.

［5］王积建. 一种多指标综合评价和决策的新方法［J］. 统计与决策，2012（24）：32－35.

传统路径依赖视角下精准扶贫与农村低保政策协同研究
——以辽宁省 J 县 M 村为例

◎刘伟兵　王文瑜

武汉大学政治与公共管理学院/社会保障研究中心，湖北武汉，430072

摘　要：在精准扶贫政策实施过程中，一些具有脱贫条件的低保户对产业扶贫项目信心不足，出现集体性的消极排斥现象，其原因在于农村现行的低保政策与精准扶贫政策之间出现了政策摩擦。本文运用路径依赖理论，以辽宁省 J 县 M 村的产业扶贫实践为例，分析了制度变迁中两种政策内外部摩擦痛点和强路径依赖的主客观因素。由此，提出"四力平衡"的政策建议，即通过增强精准扶贫的"拉力"、减少贫困户高风险感知的"推力"、完善低保政策的"支撑力"和降低体制场域中的"摩擦力"，破除路径依赖的自我强化和闭锁模式，进而实现低保政策与精准扶贫政策的协同治理目标。

关键词：精准扶贫　农村低保政策　路径依赖

一、引言

自改革开放以来，我国大规模地推进扶贫开发工作。1978—2017 年，全国贫困人口由 2.5 亿人降至 3046 万人，贫困发生率也从 30.7% 降至 3.1%。截至 2019 年底，我国农村贫困人口约为 551 万人，比 2018 年末减少 1109 万人，贫困发生率显著下降。[1]

但目前我国仍处于社会主义初级阶段，贫困地区基础薄弱、发展滞后的问题仍然突出，制约贫困地区发展的深层次矛盾依然存在。2013 年 11 月习近平总书记在湖南湘西考察时对扶贫攻坚作出了"实事求是、因地制宜、分类指导、精准扶贫"的重要指示。2014 年，我国开始全面推动精准扶贫工作。2015 年 11 月，习近平总书记提出"五个一批"工程，即发展生产脱贫一批、易地搬迁脱贫一批、生态补偿脱贫一批、发展教育脱贫一批、社会保障兜底一批。精准扶贫政策成为我国新阶段扶贫开发的核心和重点内容。实施精准扶贫战略，关键在于改变之前粗放式的扶贫方式，因地制宜，因人而异，做到真正的精准化扶贫。

最低生活保障（以下简称低保）制度是社会主义市场经济的一个重要保障制度设计，低保政策承担着反贫困的兜底角色。2007 年 7 月，国务院发布了《关于在全国建立农村最低生活保障制度的通知》，划定了农村贫困人口的界限以及居民最低保障标准。近几年来，随着我国国力的增强和整体居民收入的增长，我国农村最低生活保障标准也在逐年升高，低保户除了可以享受现金救济，还可以享受一些其他的优惠政策，如社会保险收费的减免、多样化的物资帮扶等。可以预期的是，随着社会发展，农村低保政策将带给低保户更多的稳定收益。但这种收益也导致部分农村地区出现了"排队保"的现象。并且，由于基层治理与政策执行受到强大的社会关系的影响[2]，"关系保"等由低保产生的各种违法违规问题屡有发生。

在广大农村地区，精准扶贫政策的推进落实与存在多年的农村低保政策产生了激烈的摩擦。一些具有脱贫能力但由于各种客观因素长期享受低保政策的低保户形成了较为严重的"福利依赖"，他们担忧精准扶贫政策的推行是在切断他们赖以生存的政策"补给线"，并认为如果自己在加入精准脱贫政策扶持队伍后难以脱贫或脱贫效果不佳，还不如守住原来的低保户资格，一劳永逸地"享受"低保。

虽然精准扶贫政策与低保政策都致力于达到反贫困的目的，但由于政策机理不同，二者或将长期并存。2020年，在达到解决区域性整体贫困的战略目标后，中国将进入"后扶贫时代"，减贫战略方向从消除绝对贫困转向缓解相对贫困和多维贫困治理。[3]在打赢脱贫攻坚战的过程中，低保等社会保障既被列为反贫困的重要目标，也被列为反贫困的主要路径，其在中国农村减贫发展进程中的嵌入程度将逐渐加深。[4]因此，精准扶贫政策与低保政策间的政策摩擦值得引起基层治理各方及学界的重视。

制度变迁过程中内生的摩擦阻力以及政策主体（低保户与各级扶贫干部）间的种种"矛盾"，造成精准扶贫政策与低保政策之间出现内耗和相互拖曳问题，并直接导致了脱贫工作效率低下、效果欠佳、矛盾频出。本文将以辽宁省J县M村基层治理为例，梳理政策摩擦痛点，运用路径依赖理论，分析"回报递增"和"体制锁定"如何造成政策及政策主体的强路径依赖，进而对精准扶贫政策和低保政策长期协同发展提出政策建议。

二、政策摩擦：辽宁省J县M村基层实践素描

辽宁省J县是国家级贫困县，位于辽宁省西南部，地区生产总值、财政预算以及农民人均可支配收入等处在全省末列。该县的M村是典型的农业产业主导村，村民收入主要来自种地、打工和养殖，经济来源固定且单一，收入普遍较且易受非个人因素中外在环境的影响，村民整体家庭经济具有较高的脆弱性。截至2018年末，全村有人口1860人，共有建档立卡户72户，涉及193人。其中，低保户有37户，共计93人；一般贫困户有35户，共计100人。在37户低保户中，有32户长期享受农村最低生活保障，其中，有6户是因病致贫，有10户是由老弱病残、孤寡、智力低下等原因导致的无劳动能力致贫，其余16户均为拥有生产能力但缺乏脱贫方向和必要条件从而长期处于贫困状态。

村两委委员结合本村实际状况，在充分调研以及考虑建档立卡户未来经营风险和潜在难题的基础上，逐步探索出一个较为成熟的产业扶贫方案：实施"贷款+委托购买+分散喂养+牛粪处理+成品牛销路"的全程管家

模式。M村养牛脱贫户分别与县农村信用合作社签订了为期3年、额度为3万元的贷款协议，担保形式简单、利息较低，只要没有不良信用记录，都可以获得优惠贷款扶持。村两委吸取以往资金分散使用、缺乏资金管理、贷款户无力偿还等教训，决定由村委统一代管扶贫资金，贷款户在买到牛之后，村委一次性给付卖牛方。贷款户不见贷款资金，避免了贷款资金挪作他用，村委担负了资金分配、使用和偿还的监管职责。

村委和村民代表对照国家相关政策进行综合评议，采用基本收入调查、家庭状况调查、家庭贫困原因调查相结合的方式，确定了33户"具有产业脱贫能力"的建档立卡户（其余一般贫困户从事他们有一定基础的项目脱贫，不具备产业脱贫能力的低保户采取其他方式脱贫或继续以农村低保保障其基本生活）。

调研发现，在建档立卡养牛户公示一段时间之后，部分被列为养牛户的低保户群体出现了消极抵制的情绪，养牛态度不积极，对参加养牛扶贫缺乏信心，处于欲罢还休的摇摆状态。典型的访谈记录如表1所示。

表1 被调查低保户反映的问题

访谈对象态度类型	主要关注的问题	访谈记录
态度乐观者	项目的可预期性	"书记和主任在村里主持工作这么多年了，这几年大家的生活也好了些，现在书记鼓励大家养牛，政府拨给贷款利息又低，村里还包销售，我们的任务就是在家把牛养好，这政策确实给农民省事，又能改善生活水平，为啥不支持？"
消极抵触者	收益风险问题	"我儿子出车祸不在了，哪有心情去养牛，我们就想安稳拿个低保，一旦养牛赔了，欠下的可还不起。"
消极抵触者	现实问题（技术、资金、家庭负担等）	"不瞒你们说，我们家又没技术又没钱的，一直吃低保，家里孩子上学、老人要看病，低保能在上学和看病上有优惠。尽管当前有各种政策，但是家里的事已经忙不过来了，真的没精力去养牛，况且要是赔了，还不如一开始就靠着低保过日子算啦。"

续表

访谈对象态度类型	主要关注的问题	访谈记录
消极抵触者	政策选择的偏好问题	"养牛风险太大，我们不愿意养牛，吃低保就挺好，听说今年低保金还要再涨，我们好不容易申请上低保，要是加入养牛之后肯定就不能拿低保了。"
	政策变动问题	"国家政策一天一个样，谁知道过两年国家换了别的政策还支不支持我们养牛？就老老实实拿个低保也能过日子。"

资料来源：根据调研团队一手访谈资料整理。

从村民的反馈来看，部分基层群众对精准扶贫政策持有乐观和积极参与的态度，该政策确实可以激发他们勤劳致富的热情，杠杆撬动作用值得肯定。但是，部分低保户道出的顾虑和担心也需要政策实施者的关注，具体来说，鉴于大部分低保户脆弱的家庭经济状况，精准扶贫政策带来的不可预知的"未来收益"尚不如农村低保政策带来的切实的具有稳定性、保障性与刚性增长性的"现实收益"更实惠。并且，精准扶贫政策及其项目的收益风险问题、现实问题等影响了养牛产业扶贫户中低保户的行为偏好。因此，在村里公示建档立卡养牛户之后，这些低保户们形成了"宁可保住低保户，也不走向脱贫路"的救命稻草式的信条。

为打消村民对产业扶贫政策和项目的顾虑和担心，村干部们采取入户劝说、当面游说、带出来参观示范区、拿国家政策激励等方式，给持摇摆态度的养牛低保户们摆事实、讲道理，提振他们的信心，帮助他们摆脱对救济生活的依赖。经过大量的扎实有效的工作，有顾虑的低保户们渐渐同意加入养牛脱贫户的行列，但同时也提出一个条件，即如果养牛赔了，村里还要给他们申请低保户的资格，在经济上与他们共担风险。

尽管M村村两委初步解决了产业扶贫资金管理问题，并完成了产业化养牛的动员，但实际上，产业扶贫项目后期会面临更大的压力和阻力。建档立卡户中被确立为"有脱贫能力"的低保户的现实问题、心理问题依旧没有从根本上得到解决。比如，在养牛技术方面，一些低保户受保守心理的影响，养牛经营技术不成熟，可能会造成养牛折本；在养牛收益方面，有的低保户可能持有短视心理，着急将牛"变现"，缺乏长期坚守的心理准备；在组织动员方面，还需研究判断养牛项目究竟以村干部为主导推行还是以养牛户自我管理为主导。这些都是村干部要直接面对的现实问题。

三、精准扶贫研究中的视角——路径依赖

早期大多数学者都从技术变革的角度对路径依赖进行探究。戴维（Paul David, 1985）是早期深入研究路径依赖现象的学者之一，他认为，技术变迁通常是在原有技术的基础上做边际的改进，而这种渐进式的技术变迁最终可能导致更有效率的一种技术被淘汰。[5]阿瑟（Arthur, 1989）同样认为，在正反馈作用机制下，保持递增的结果是对某一特定技术的偏好将长期占据主导地位。[6]

随着相关理论的不断完善和拓展，学者们对于路径依赖的分析框架进行了多角度、多层次的探究，其中道格拉斯·诺思的探索最具有代表性。诺思（North, 2008）将路径依赖办法从技术变革领域拓展到制度分析中，认为"人们过去做出的选择决定了他们现在可能的选择"。[7]一旦发展路线沿着一条具体进程推进，系统的外部性、组织的学习过程以及历史上关于这些所派生的主观主义模型就会增强，这一进程使制度变迁很强势地沿着已经选定的路径继续走下去。换言之，一旦选择了某种路径，就意味着可能将会被长久地锁定在这条路径上，想要摆脱或被其他更优的路径所取代就变得异常困难。笔者总结，诺斯与阿瑟观点相似的部分是，在制度变迁的过程中，路径依赖发生的核心机制依然是报酬递增。

诺思（North, 2008）尝试揭示路径依赖的传递途径和认知根源，他认为，制度变迁的路径依赖经历了从认知至制度最后达到经济层面的过程。路径依赖更多是由行动者的有限理性以及制度转化的较高的交易成本引起的，"由于经济、政治的交互作用和文化遗产的制约，制度变迁比技术变迁更复杂"。[7]而社会心理、认知、认同、选择性注意因素导致的行动者的认知凝滞，以及围绕特定制度而建立起来的行为惯例、社会联系及认知结构会影响行动者的行为选择，并形成路径依赖现象。森利（Sunley, 2006）将

经济地理引入路径依赖分析框架中,他认为,路径依赖的显著特征就是"地方依赖",即区域发展过程中存在多元相关路径以及路径相互依赖,同时路径依赖还涉及不同方面的共同演化,如经济、技术、制度、社会文化等。[8]

保罗·皮尔逊(Pearson,2007a)作为理论之集大成者,将路径依赖分析方法拓展到产权制度以外的政治制度和福利制度。他认为,制度惯性之所以能形成,关键在于制度一旦形成,随着时间的延续会产生"回报递增"的效果,它通过制度成本、适应性预期以及利益群体发挥作用。[9]

尽管皮尔逊揭示了研究路径依赖要从制度成本、行动适应性和利益群体等范畴来分析,但他只考察了单个制度的惯性,对制度之间的相互作用欠缺分析。事实上,除了"回报递增"概念以外,另一种长期被历史制度主义忽视的路径依赖机制"体制锁定"在路径依赖中也发挥着重要作用,应该被纳入分析框架。"体制锁定"主要受制度场域的影响,制度场域也可被理解为治理环境。制度场域的存在从外部环境强化了体制变迁中的路径依赖程度。制度场域具有三个特性:一是稳定黏性,表现在制度场域变迁的难度远大于单个制度的变迁;二是场域限制,表现在受到制度场域的影响,政策变迁往往是边际的修正;三是不均衡的作用力,表现在场域内部核心制度能够更多作用于边缘制度。

综上所述,本文将从"回报递增"与"体制锁定"两大视角分析精准扶贫政策在实施过程中与农村低保政策产生的政策摩擦痛点及其原因。

四、摩擦痛点:政策摩擦及其成因探讨

(一)政策摩擦痛点

本文所指的政策摩擦是指精准扶贫政策与农村低保政策"双轮并行"实践中存在的政策冲突和角力现象,两种政策并没有因为政策根本目标一致而出现自洽,反而在政策实施中出现了内耗和相互拖曳的问题,直接导致脱贫工作效率低下、效果欠佳、矛盾频出等后果(见图1)。

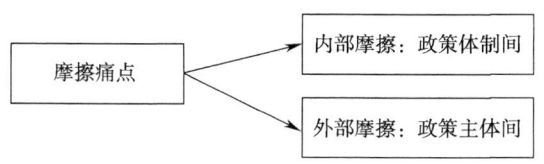

图 1 两种政策摩擦痛点表现

1. 内部摩擦

在扶贫政策模式由原来的大水漫灌式转变为小流滴灌式,这种模式转变必然带来政策在过渡期的内在摩擦之痛。从 M 村的扶贫实践来看,M 村基础设施落后,村两委办公条件简单,村干部也多为村中颇有声望的中年人,计算机应用技能不足,无法熟练进行数据档案的保存和分析。M 村经济来源相对固定单一,一些村委委员在精准识别过程中"印象"识别倾向严重,贫困户瞄准和识别环节缺乏客观精准性,再加上相比从前主要以经济救助为主的粗放式扶贫,当下的精准式扶贫工作量激增,导致精准扶贫执行过程存在事实上的落实偏差。虽然上级部门在一定程度上了解存在的问题,但是基层具体扶贫工作还要靠村委委员落实,一些偏差在实际中难以追责。

2. 外部摩擦

政策行为主体间的摩擦之痛主要表现在两个方面。一方面体现在村干部与低保户之间。两者往往在政策落实问题上难以达成共识,低保户的政策不信任"坚冰"难以在短期内融化,他们对政策实施成效的评价也持较为悲观的态度,甚至担心自己会在未来失去低保政策的庇护。另一方面体现在县各级干部和村委之间。M 村村委承担着上级分配的脱贫指标,从理性经济人的角度分析,扶贫工作已然成为村干部工作绩效中的硬指标,不管低保户怎么想,先让低保户加入进来就意味着工作成功了一半。如果这两个主要群体各怀心腹事而又不能达成共识谅解,那么做与不做的矛盾会逐渐加深甚至激化,导致摩擦不断。

(二)政策摩擦痛点成因:强路径依赖

本文基于路径依赖理论,尝试分析两种政策摩擦的主观依赖因素和客观依赖因素（见图2）。

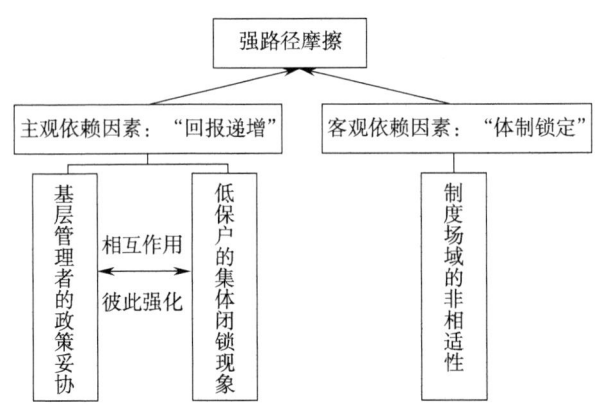

图2 基于路径依赖产生的政策摩擦影响因素

1. 主观依赖因素："回报递增"

（1）改革制度成本：高社会成本与高文化成本

完善现有的农村低保政策是减少政策摩擦和促进精准扶贫政策发展的必经之路。然而，农村低保政策由于涉及人数多、社会影响力大、实施历史长，早已成为农村低收入人群的最优选择。具体来说，农村低保政策已经固化了具体的利益和人群，精准扶贫政策除非投入更多的社会成本，否则难以赢得群众的信赖。一方面，比较精准扶贫政策可能给低保户带来的风险和社会成本预期与农村低保政策带来的稳定可持续的刚性收益，低保户的政策选择偏好不言自明；另一方面，低保户承受政策变革的心理极度脆弱，其对政策变化的感知更为敏感，对于政策改变，"无处说理"是大多数低保户频繁提到的关键词。在中国农村社会转型过程中，"说理"（上访）仍然是低保户以及大多数群众表达自己利益诉求的主要方式。因此，一旦养牛产业扶贫项目无法实现低保户所预期的收益或通过养牛获得的净收益低于农村低保的收益时，低保户往往会通过上访或者群体性"要说法"的方式寻求预期收益，后果自然是局部社会失衡。因此，政策设计和推行主体一般比较忌惮出现较高的社会成本，容易形成政策妥协，寻求具有低收益但相对稳定的政策局面。村委委员面对养牛风险和群体"要说法"风险，可能会选择较为稳妥的之前惯用的粗放式扶贫道路，从而使低保户依然享受低保政策；低保户面对政策调整风险和养牛产业本身的收益风险，也倾向守着低保资格不肯放弃。

农村政策制度变迁也会造成较高的文化成本。穷人之所以贫困和其所具有的贫困文化有关。一般来说，贫困户通常有强烈的宿命感、无助感和自卑感，这样的贫困文化使他们日趋保守，对新的制度规则大多持有不认同和不接受的排斥心理。[10] 调研中许多贫困户认为，"贫困是与生俱来的、不可逆转的""中年之后便是认命的阶段"。也就是说，M村的低保户持有一种宿命思想与将就心理，较为看重眼前利益和守护现实利益。此时，即便外部体制环境发生变迁，资源条件日趋改善，低保户们也很难转变传统的贫困文化逻辑和割舍已经或即将获得的现实利益。在这样的思维惯性和经济理性支配下，贫困户们自然有自己的偏好，即"冒着风险加入精准脱贫队伍，还不如固守低保户阵地，安稳度日更划算"。这种文化逻辑将给政策设计者，特别是基层政策执行者带来极大的工作难度。在"扶"和"保"并行的政策设计体系下，更有效的方法只能是从上至下地通过制度变迁、环境刺激去扭转落后的文化逻辑。

(2) 自我强化模式

当行动者选择一个适应制度的行动方案时，不但能节约成本，还能较为顺利地获得制度资源；相反，如果行动者选择违背特定制度的行动方案，就意味着付出昂贵的成本。如此一来形成了一种制度的"适应性预期"。[11] 适应性预期的结果就是行动者会在体制框架内寻求最优，并长期稳定这种行为。

一般来说，某种现有制度安排可能会产生三种利益群体：一是能够从既有制度的安排中获得稳定资源的政策庇护获利者；二是部分体制外的精英，他们通过自己的努力获得相应的目标资源，虽然不一定赞同现有制度安排，但是一般也不会直接反对，从而保持默认状态；三是体制内的利益受损者，虽然他们在资源获取方面难以获得既有制度的资源支持，但是如果离开现有制度安排，境况未必会变得更好，因此，他们也不会直接反对现有制度安排（见图3）。[12]

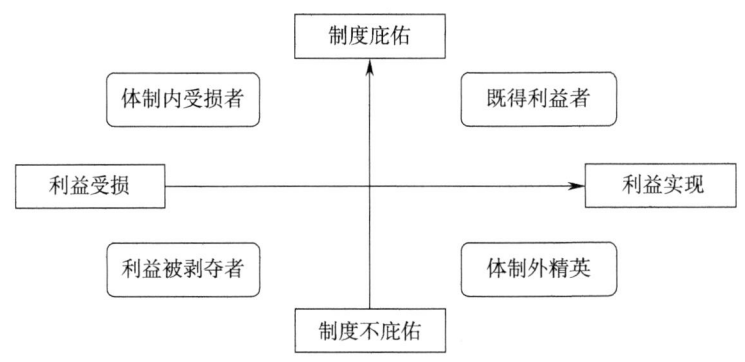

图3　某种制度中存在的不同利益群体

(资料来源：李棉管."村改居"：制度变迁与路径依赖——广东省佛山市N区的个案研究[J].中国农村观察，2014（1）：13-25)

近年来，农村低保政策的保障水平不断提高，收益保持稳步持续的刚性增长。此外，教育、医疗、养老等方面的优惠政策也不断完善。因此，既得利益者（低保户）通常不会放弃"低保户"的身份；体制外精英出于社会公平的考虑也会默许低保政策的存在；体制内受损者则可能会产生选择农村低保政策的偏好，出现"排队进低保"的现象。这就造成了现有农村低保政策具有自我维持和自我强化的社会基础，形成集体的低保政策路径依赖者。这些人群对于精准扶贫政策的实施，容易出现集体闭锁与排斥现象，造成制度变迁过程中的外部政策摩擦。

2. 客观依赖因素：体制锁定

整个社会犹如一张相互交织的制度立体网，制度安排从一开始就受制于这一立体网。制度的变迁受到制度环境的影响具有某种内在的联动性。如图4所示，制度变迁指"制度A"转变为"制度A1"。这种变迁不是随心所欲的。事实上，制度A与制度B、C、D、E之间相互作用，构建了一个制度场域，这一制度场域被称为"体制"。[12]制度A在变迁时必然受到体制的牵制和约束，因此，体制环境对于制度A1的形成、发展、运行、评估和反馈也产生很大的影响。

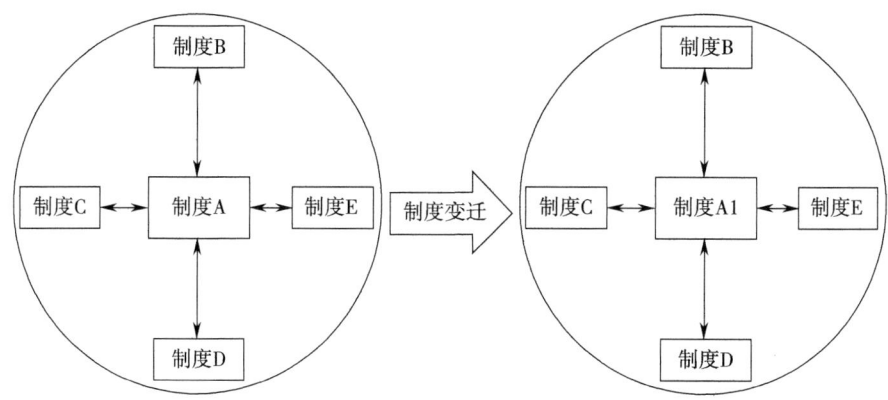

图 4　体制环境中的制度变迁

(资料来源：李棉管. "村改居"：制度变迁与路径依赖——广东省佛山市 N 区的个案研究 [J].
中国农村观察，2014（1）：13－25)

调研中发现，尽管辽宁省 M 村在大力实施精准扶贫政策过程中进行了大量关于精准扶贫政策与低保政策双轨实施和有机衔接的宣讲，但在大部分基层群众特别是低保户看来，新制度的实施就是要逐渐替代传统制度，一旦进入新制度实施体系，就再也无法回到原有的制度保障中。可见，精准扶贫政策与低保政策在制度设计者看来是殊途同归，但对于低保户来说，两种制度无论是过程设计还是目标预期都差异迥然。其实，低保户已经适应和满足于原有的制度场域，习惯于原有的体制环境，他们只期待制度设计者进行制度修缮，而不希望有制度变迁或者制度更替。M 村的现象充分说明，在制度变迁的过程中，要充分考虑到体制环境状况，不可给制度实施对象以简单的制度替换的印象，应该开展更全面的制度设计，充分考虑由一项制度变迁产生的相关制度联动，做好促进政策衔接的准备。

从上述分析可以看出，以村干部为主体的基层管理者在具体实施某一项制度过程中，受制于多种因素交织，极容易产生政策妥协，客观上形成对原有制度以及制度环境的强路径依赖，造成工作的低效与反复；与此同时，低保户也对农村低保政策形成了极强的路径依赖，主观上对精准扶贫的效益持怀疑与观望心理，并在行为上"默契"地结成了固化心理群体。

这两大基层主体在政策实施中围绕利益焦点，不断博弈和调适，相互作用，彼此强化，形成了政策摩擦的主观依赖因素。农村低保政策以其稳定长久且回报递增的优势，已经在 M 村的贫困户群体中形成了强路径依赖，并且具有不断自我强化的功能与趋势，村中的贫困户们最终形成"宁可守住低保户，也不走向脱贫路"的偏执成见。村干部由自身的政策妥协性产生的路径依赖，极大地强化了主观上的路径依赖，导致扶贫政策实施中出现闭锁与恶性循环现象，政策摩擦的强度日益增大。

此外，制度环境的非适度造成了原有低保政策的体制性路径依赖，形成政策摩擦的客观依赖因素。在扶贫工作中，精准扶贫这一新生政策遇到了农村低保政策的阻碍，其根源还是利益获取的问题。M 村贫困户们关心的核心问题是精准扶贫项目失败了怎么办？会不会出现"赔了夫人又折兵"的结果？对此，低保户们往往宁可选择退而求其次或者干脆原地踏步，也不肯冒险尝试。低保政策的"深入人心"造成制度环境的固化，精准扶贫系列政策难以在这样的制度环境中推进。此外，村干部们的思维方法、工作方式、工作流程受到粗放式扶贫的影响较深，对精准化、数据化、互联网化的"新扶贫时代"知之甚少，导致村干部们在整合政策资源、开展精准扶贫工作、考核扶贫效果等方面受到掣肘，直接影响了精准扶贫政策的落实和执行。

俗语云："穷则思变，变则通，通则达。"在这个"变"的过程中，出现对原体制的强路径依赖并由此形成政策摩擦是不可避免的。采取什么态度和方式破除路径依赖，减轻政策摩擦之痛，以更好地实现基层实践中农村低保制度与精准扶贫政策的协同治理显得至关重要。

五、结论与政策建议

当前低保户对农村低保政策形成的强路径依赖，严重阻碍了精准扶贫政策的推进，两种政策摩擦之痛给精准脱贫蒙上阴影。因此，改革必须从贫困户本身和制度环境入手，增强精准扶贫政策的"拉力"，减少制度变迁过程中由低保户感知的高风险带来的政策"推力"，完善低保政策的"支撑力",降低精准扶贫政策体制场域中的"摩擦力"(见图5),实现"四力"的平衡协同,最终破除路径依赖的自我强化和闭锁模式,实现农村低保政策与精准扶贫政策协同治理目标。

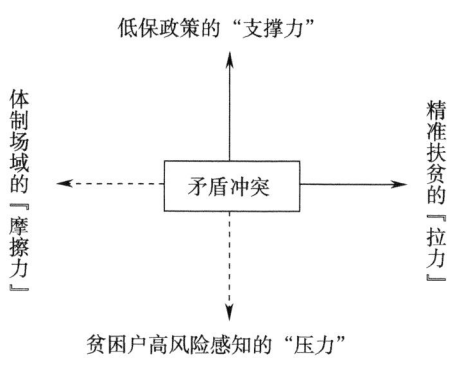

图 5　"四力"平衡模式

1. 降低贫困户高风险感知的"压力":破解贫困文化

调研中发现,"宁可守住贫困户,也不走向富裕路"已经不是个别人的心理倾向,而是绝大多数低保户的共同认知。因此,摆脱低保户对于低保政策的强路径依赖,亟须打破固化的文化禁锢,大力提倡艰苦奋斗、自力更生的优秀民族精神,激励低保户脱贫的积极性。同时,促进村干部和社会政策的有效参与,弘扬社会正能量文化,以良好的文化氛围帮助低保户转变观念。

激发低保户个体的积极性是破除贫困文化的内在要求与根本措施。首先,必须充分发挥典型人物的精神引领作用。树典型和表彰优秀人物有利于在所在地区形成自力更生、艰苦奋斗的良好氛围。其次,重点培育低保户朋辈之间的"互帮互助互相勉励"的三互文化。朋辈之间的亲密关系往往带来更高的信任度和效率,个体之间的高相似性也有助于信息的交流,有利于低保户树立参与精准扶贫项目的脱贫信心。

同时,村干部的脱贫文化认知和行为取向在乡村贫困户中具有重要影响。村干部应当着重提高贫困户尤其是其中青壮年一代的个体能力,避免贫困的代际传递。也可以通过开展有针对性的组织技能培训、组织实地参观项目和经验交流会等活动，降低贫困户的风险感知和路径依赖程度，让他们相信在精准扶贫中加倍努力可以实现更大的幸福。

可见，破解贫困文化将降低贫困户高风险感知的"压力"，贫困个体与村干部等外部参与主体的文化互动，将形成摆脱贫困路径依赖的积极"推力"和"拉力"，有利于贫困户们树立信心，打破贫困文化局限，进而接受精准扶贫政策，参与产业扶贫项目中，并实现农村低保政策与精准扶贫政策的协同治理。

2. 提高低保政策的"支撑力"：精准低保与动态低保

要将精准低保与精准扶贫结合起来，降低制度变迁成本。不同政策设计者要站在时代的前沿，从顶层设计角度降低制度变迁成本。基层的政策实施者要站在落实政策和政策实施对象的视角，有效控制制度变迁可能造成的社会成本。首先，要逐步实现农村低保政策的精准化，尤其体现在"保障谁""保多少""怎么保""有序退"等方面。村干部入户调查除了考量经济收入和家庭特殊情况，还要考察贫困户的致贫原因、家庭亲属情况等。其次，多方着力降低制度变迁成本，为精准扶贫政策落地生根创造良好的制度环境和社会氛围。

此外，实施低保政策是为了确保社会公平，体现社会主义优越性，因而应杜绝低保政策"养懒汉"的现象。对此，必须完善低保"有序退"的动态机制，让低保政策从静态保障模式转为动态保障模式，从制度上破除"有能力"的农村低保群体的路径依赖，减少主观性政策摩擦。首先，村干部可以根据入户调查情况，为贫困户分档，以"鼓励为主，强制为辅"为原则，建立贫困户有进有退的动态考核机制；其次，驻村干部要发挥监督村干部的作用，通过实地走访、入户调查等方式，监督低保户资格进退机制的实施，确保机制公平有效。

3. 降低体制场域的"摩擦力"：精准扶贫失败兜底机制

精准扶贫政策具有激励、保障和稳定的功能，其运行需要相对完善的制度场域来支撑。这就要求政策设计者适时提出和优化政策设计，降低制度场域在精准扶贫政策实施中的"摩擦力"。首先，亟待设计精准扶贫的

"善后政策",并抓紧完善相应的制度场域。目前,精准扶贫的施策重点主要是吸引和支持贫困户参与到精准扶贫项目,而针对贫困户参与项目失败的兜底政策和相应措施尚未出台,应充分重视可能出现的贷款资金补偿问题、担保责任风险问题以及扶贫项目深度开发的后续衍生问题等。其次,村干部在具体实施精准扶贫的工作中,要充分考虑贫困户家庭经济的脆弱性以及贫困情况的特殊性,可以尝试摸索将脱贫项目失败程度金额化,并对应划分补偿等级,有效发挥政策的兜底作用。最后,理论界和基层实践者要充分互动,积极探索针对精准扶贫个别个体的失败兜底补充方式。

4. 增强精准扶贫的"拉力":脱贫收益递增化

应该清醒地意识到,精准扶贫政策并不是短期解决贫困问题的权宜之计,而是国家系列治理贫困问题的长远之策,今后还应该有脱贫巩固政策等后续政策。因此,政策制定者要立足当前破除农村低保政策的强路径依赖,探索激励精准扶贫政策实施的优化路径。一方面,决策者要在顶层设计的过程中尽可能地完善制度设计,优化政策制度执行程序,制定合理的目标与合理的评定标准,完善政策执行监督机制;另一方面,政策执行者要努力缩短政策目标与实际情况之间的差距,具体问题具体分析,避免形式主义,使精准扶贫项目长远化、项目收益递增化。这是精准扶贫政策的精神所在,也是推进扶贫工作顺利进行的关键。

参考文献

[1] 张翼. 2019年全国农村贫困人口减少1109万人 [N]. 光明日报, 2020-01-24.

[2] 李迎生,李泉然,袁小平. 福利治理、政策执行与社会政策目标定位——基于N村低保的考察 [J]. 社会学研究, 2017 (6):44-69, 243.

[3] 邓大松,钟悦,杨晶. 精准扶贫对农户多维贫困的影响机制分析:外出务工的中介作用 [J]. 经济与管理评论, 2020 (5):27-41.

[4] 左停,赵梦媛,金菁. 路径、机理与创新:社会保障促进精准扶

贫的政策分析[J]. 华中农业大学学报（社会科学版），2018（1）：1-12，156.

[5] 蔡潇彬. 诺斯的制度变迁理论研究[J]. 东南学术，2016（1）：120-127.

[6] Arthur W B. Competing Technologies, Increasing Returns, and Lock-in by Historical Events [J]. The Economic Journal, 1989, 99 (3): 116-131.

[7] 道格拉斯·G. 诺思. 制度、制度变迁与经济绩效[M]. 杭行，译. 上海：格致出版社，2008.

[8] Ron Martin, Peter Sunley. Path dependence and regional economic evolution [J]. Journal of Economic Geography, 2006, 6 (4): 395-437.

[9] 保罗·皮尔逊. 拆散福利国家——里根、撒切尔和紧缩政治学[M]. 舒绍福，译. 长春：吉林出版集团有限责任公司，2007a.

[10] Arthur Lewis. The economic profile of the American black [J]. Journal of Religion &Health, 1970, 9: 323-330.

[11] 保罗·皮尔逊. 回报递增、路径依赖和政治学研究[M]. 黎汉基，黄璇，译. 南京：江苏人民出版社，2007b.

[12] 李棉管. "村改居"：制度变迁与路径依赖——广东省佛山市N区的个案研究[J]. 中国农村观察，2014（1）：13-25.

内部控制研究现状文献回顾与展望*

◎ 郭慧婷　郭会玲　李永平

长安大学经济与管理学院，陕西西安，710064

摘　要：作为一项重要的监督和激励机制，内部控制已经成为现代企业管理活动的重要组成部分。高水平的内部控制可以帮助企业强化内部管理，减少经营风险，从而获得竞争优势。近年来国内外学者围绕内部控制这一主题展开研究，并取得了大量成果。本文梳理了探讨内部控制影响因素以及经济后果的相关文献，以国外和国内两条主线为基础，将内部控制的理论和实务研究穿插其中，对内部控制的研究现状进行评价，在此基础上对内部控制的未来研究方向进行展望，以期为进一步深入研究内部控制提供一定的参考和借鉴。

关键词：内部控制　影响因素　经济后果　理论研究　实务研究

一、引言

内部控制是现代企业进行管理活动的重要内容之一，自20世纪90年代

---

* 基金项目：1. 中央高校基本科研业务费专项资金资助"以研发支出削减后再逆转动机为视角的盈余管理研究"（项目编号：300102239634），主持人：郭慧婷；2. 教育部产学合作协同育人项目"基于用友云财务内部控制与风险管理实践课程建设"（项目编号：201902296043），主持人：郭慧婷。

以后，国内外学者关于内部控制的研究层出不穷，产生了一系列成果。其中最具代表性的成果就是1992年由全国虚假财务报告委员会下属的发起人委员会所发布的"COSO报告"。该报告对内部控制的概念进行了重新定义。2004年9月，该委员会又发布了《企业风险管理——整合框架》，增加了风险管控的新内容，将风险管控与企业的内部控制联系起来。国外方面，美国国会和政府在2002年通过了《萨班斯法案》（简称"SOX法案"），强调对公司内部控制的有效性进行评估。《萨班斯法案》的执行使上市公司对其内部控制体系中存在的缺陷有了一定的认识，促使上市公司积极采取措施进行完善和修正内部控制体系。《萨班斯法案》发布之后，上市公司在收入和费用的确认上更加严谨，一定程度上降低了盈余管理程度。同时，该法案的执行提高了上市公司财务信息的可靠性，对资本市场起到积极的作用。但是，也有部分学者认为，《萨班斯法案》可能会传递出严格管制的不利信息，执行《萨班斯法案》会增加审计的风险与成本，给企业带来沉重的负担，导致市场出现消极的反应。[1]

我国财政部等部门于2008年印发了《企业内部控制基本规范》，强调加强和完善企业内部控制制度，提高企业的风险识别和防范能力。2010年相关部门印发了《企业内部控制应用指引》《企业内部控制评价指引》及《企业内部控制审计指引》。这些有关内部控制的基本规范和制度文件，进一步丰富了我国内部控制制度体系。越来越多的上市公司开始重视内部控制在公司治理中的作用，遵循相关指引。此外，上市公司被强制要求披露内部控制审计报告，在一定程度上提高了公司内部控制质量，为企业信息使用者提供了更加有效和更高质量的信息。

在上述背景下，本文通过对近十年国内外内部控制相关文献的归纳和回顾，分析我国内部控制研究发展状况，发现需要完善之处，并对内部控制的研究方向作出展望。

二、国外研究文献回顾

国外学者对于内部控制这一主题的研究起步较早，研究内容也较为系统和深入。本文将从内部控制质量的影响因素以及其产生的经济后果两方面对相关文献进行梳理。

(一) 影响因素层面

在国外研究文献中,一些学者在研究《萨班斯法案》404 条款执行之前企业内部控制存在的问题时,发现那些披露内部控制存在缺陷的公司一般都具有上市时间较短、财务状况较差或盈利能力不强、经营业务较复杂、法人治理结构不够完整等特征[2],对内部控制影响因素的研究大多也从上述角度展开。影响内部控制质量的因素可以分为内部因素和外部因素,其中内部影响因素将从公司基本特征、公司治理两个层面进行分析,外部影响因素主要包括投资者保护、外部监管等。

1. 内部因素

首先,从公司基本特征层面分析。相关影响因素主要包括公司规模、财务状况、上市时间的长短、成长速度和交易的复杂程度等。

不少学者认为,公司规模是影响内部控制质量的一个重要因素。Ashbaugh – Skaife 等认为,与小公司相比,大公司的财务部门更加完善,分工更加细致,相关业务的财务处理也更为严谨,因此,公司规模越大,企业的内部控制质量越高。[2] Krishnan 和 Doyle 等通过研究发现,规模越小的企业往往越容易产生内部控制缺陷,而规模较大的企业的管理者对内部控制质量的重视度更高,更愿意投入人力、财力以提高企业的内部控制水平,减少内部控制缺陷。[3-4]

与公司规模类似,企业的财务状况和盈利能力也是影响内部控制的重要因素。Doyle 等的研究表明,企业的盈利能力能够显著影响内部控制质量,较差的盈利能力会对内部控制产生削弱作用。[4] Ashbaugh – Skaife 等的研究发现,公司的规模越大、上市时间越长、财务状况越好,越不容易产生和披露内部控制缺陷,而经济业务往来越复杂,该公司披露内部控制缺陷的可能性也越大,也就是说公司层面的内部控制缺陷与公司规模、上市时间、财务状况呈负相关关系,与经济业务的复杂程度呈正相关关系。[2] 内部控制存在实质性漏洞的公司基本上都具有盈利能力低下、业绩较差、财务状况不佳的特点。

Ashbaugh – Skaife 等的另一研究发现，公司上市时间的长短也是影响内部控制有效性的一个重要因素。[5]一般情况下，上市时间较长的公司，积累的财力水平较高，综合实力更强，其内部控制制度也更健全。Doyle 等以 2002—2005 年披露内部控制信息的 779 家公司为样本，检验内部缺陷的影响因素，结果发现，上市年限越早的公司内部控制质量越高，存在内部控制缺陷的公司更倾向于规模较小、业务复杂、财务状况不佳、成长更迅速或近期内经历了并购重组的公司。[4]

除上述因素外，经济业务的复杂程度、企业发生兼并或者重组等重大事项都会对内部控制水平产生影响。Ashbaugh – Skaife 等通过研究发现，子公司数目多、交易复杂程度高的企业产生内部控制缺陷的可能性较大，且企业发生重组、兼并等事项也会影响企业的内部控制水平，加大内部控制重大缺陷发生的概率。[6]日本学者 Yazawa 以日本资本市场上的公司为样本，发现内部控制缺陷多存在于公司经营业务复杂、规模较小的企业，并且经历兼并、重组等重大变革的公司存在内部控制缺陷的可能性要更高。[7]

其次，从公司治理层面进行分析。Hoitash 等的研究发现，董事会总体质量越高，企业的内部控制水平越高，二者呈现出正相关关系，并且这种相关关系仅仅对遵守《萨班斯法案》404 条款的公司成立，而在 302 条款下是不成立的。[8]此外，Hoitash 的研究还发现，企业中具备财务专业能力的人占审计委员会和董事会的比例越高，企业越少出现内部控制缺陷。[8]Doyle 等通过研究发现，公司的法人治理结构越完整，该公司披露实质性漏洞的可能性越小。[4]Ashbaugh – Skaife 等在研究公司治理对内部控制缺陷披露的影响时发现，审计委员会独立性越强、审计人员会计监管经验越丰富，该公司存在内部控制缺陷的可能性就越低，即内部控制缺陷与审计委员会专业性和审计人员经验呈负相关关系。[6]Krishnan 的研究认为，企业内控缺陷的产生与内部控制审计委员成员业务能力有重要联系，总体来说，内控审计委员会成员的业务能力越强、实际经验越丰富，公司存在内控缺陷的概率越低，此外，内部和外部审计人员的高配合度也会给企业的内控水平带来正面影响。[3]

2. 外部因素

国外学者对影响内部控制质量的外部因素的研究，多从投资者保护、外部监督角度展开。Gong 等以美国证券市场上披露了内控缺陷信息的上市公司为样本，分析母国投资者保护和所有权结构对内部控制缺陷披露的影响，研究发现：当跨国上市公司位于弱投资者保护的国家时，两者显著正相关；当处于强投资者保护的国家时，正相关关系不显著，因此投资者应该密切关注上市公司有关内部控制缺陷等的财务披露的质量。[9] Xu 等在研究公司机构投资者持股比例与内部控制缺陷的关系时发现，机构投资者的持股比例越高，公司发生内部控制缺陷的概率越高，二者的这种正向关系受到短期投资者以及短期投资的驱动。[10]

Zhang 研究外部制度、监管环境与内部控制质量的关系时发现，在《萨班斯法案》颁布之后，控制其他因素，不在美国上市的公司相比在美国上市的公司获得的累计超额回报更高，《萨班斯法案》增加了在美国上市的公司的成本。[11] 而 Srinivasan 等的研究则发现，《萨班斯法案》发布之后，在美国上市的小公司数量明显减少，而大公司数量没有明显变化，他们认为《萨班斯法案》为规模较小、盈利能力较差的企业带来了过高的成本负担，但对大企业的影响并不显著。[12]

从上述文献可以看出，国外学者从企业内部基本特征和公司治理层面分析影响企业内部控制有效性的内部因素。这些内部因素主要包括公司上市时间长短、成长规模、交易的复杂程度、公司财务状况的好坏、董事会质量、审计委员会的专业性和高管治理能力等，外部因素主要包括投资者保护、制度环境、外部监管等。

（二）经济后果层面

国外学者对于内部控制的实施效果这一主题进行了大量实证研究，但是就内部控制的经济后果到底是正面还是负面的这一问题，不同的学者有不同的看法。Ashbaugh – Skaife 等和 Goh 等通过研究发现，高质量的内部控制水平可以显著提高企业会计信息质量和会计稳健性。[5][13] Defond 等的研究表明，内部控制水平的提升能够显著提高企业财务报告审计质量的整体水平。[14]Brochet 认为,内部控制水平的提高增加了企业内部交易的信息含量。[15]总的来说,上述学者认为内部控制产生了正面效用。而 Zhang 和 Gao 等通过研究发现,《萨班斯法案》增加了企业的成本负担,内部控制水平的提高反而给企业带来了负面影响。[11][16]不过,还有学者认为《萨班斯法案》对企业成本的影响实际上并不明显,尤其是对于大规模公司,上面的结果可能是 Zhang 等的研究遗漏了某些重要的控制变量造成的。[11、17]

国外学者有关内部控制经济后果的研究主要集中在盈余管理、融资成本、审计费用、市场反应等方面。

在研究内部控制对盈余管理的影响方面,国外学者大多认为高水平的内部控制可以提高会计信息质量和盈余管理质量。Ashbaugh – Skaife 等的研究表明,内部控制较弱的企业会影响管理层对会计信息的判断,可能导致会计信心噪声增加,管理层有可能粉饰财务信息,从而降低了会计信息的可靠性。[2]Doyle 等的研究同样证实了上述结论。[4]Skaife 等研究了《萨班斯法案》对企业内部控制的影响以及内部控制缺陷与应计项目质量的关系,发现与未披露内部控制缺陷的公司相比,披露内部控制缺陷的公司的应计项目质量更差,有严重内部控制缺陷的公司存在较大的异常应计项目,且公司对内部控制缺陷进行补救能够显著提升应计项目的质量。[18]

在研究内部控制对权益资本成本的影响时,国外学者得出了不一致的结论。Ogneva 等在研究二者关系的过程中,通过控制公司特征、分析师偏见等因素,发现公司是否披露内部控制缺陷不会对权益资本成本产生显著影响。[19]Beneish 则发现,当公司内部控制存在缺陷时,权益资本成本会出现非正常的上升现象,内部控制缺陷与权益资本成本呈正相关关系。[20]而 Gordon 通过研究发现,在连续几年存在未修正的内部控制缺陷的公司中,内部控制缺陷与权益资本成本呈负相关关系。[21]

在探讨内控与审计费用的关系时,国外学者通过研究发现,一般来说,内控质量越高,公司产生的审计费用越低,而存在内控缺陷的公司,往往需要更高的审计费用。Raghunandan 等研究发现,当存在未修正的内部控制缺陷时,公司的审计费用会显著增加,且如果内控缺陷数量过多,会显著增加审计师辞职的风险，从而产生更高的审计费用。[22]

还有不少学者研究了内部控制缺陷与市场反应的关系。Messod 选择了 383 家遵守《萨班斯法案》404 条款的公司和 330 家遵守《萨班斯法案》302 条款的公司展开实证研究，发现内部控制存在缺陷的公司会导致该公司股价的下跌，内控缺陷与股价负相关。[20] Kim 利用股票市场的截面数据研究股价对内部控制缺陷的反应，发现当公司披露内部控制缺陷时，市场关于披露的不确定性越强，公司的异常股票收益越低。[23]

三、国内研究文献回顾

相对于国外研究成果，我国学者对内部控制这一主题的研究起步较晚，大多是借鉴国外学者的思路展开研究。

（一）影响因素层面

在国内文献中，研究内部控制影响因素的文献比较多，下文从公司特征、治理结构这两个方面进行梳理。

1. 公司特征

从我国现有文献来看，不少学者们从公司基本特征角度探究内控质量的影响因素，与国外学者得出的结论基本一致，认为影响企业内部控制水平的因素主要包括企业财务状况、公司规模、成长速度、上市年份、成长速度、企业文化等。

国内学者普遍认为公司特征会影响企业内部控制水平。张颖等通过问卷调查发现，企业良好的财务状况能够显著提升内部控制的有效性。[24] 康均等以我国 A 股上市公司为研究样本，发现企业规模、所在的发展阶段、成长速度等都会对企业的内部控制质量产生不同程度的影响。[25] 蔚风英（2015）等研究发现，处在成熟期的企业，其内部控制更加有效。

李越冬等经过研究发现，上市时间较早的企业，更容易存在内部控制缺陷，而盈利能力较强的企业，其内部控制的质量要优于盈利能力较弱的企业。子公司数量较多或存在对外贸易的企业，其内部控制质量相对更高。[27] 这与国外不少学者的结论不一致，原因可能是我国对从事外贸行业的企业要求更为严格。吴秋生等采用问卷调查的方式研究企业文化与内控有效性的关系,结果发现,良好的企业文化可以提高内部控制的有效性,此外,员工的参与意识也是评价内部控制实施效果的重要因素。[28]

2. 治理结构

内部控制制度是现代企业实现内部监督和激励的重要手段,其有效性受到产权性质、高管特征、内部审计特征等因素的影响。本文将从产权性质、治理层和管理层特征、内部审计角度出发回顾和探讨相关文献。

(1) 产权性质角度

在产权性质方面,我国学者得出了相似结论,即国有企业中更可能存在内部控制缺陷,或者国有产权性质降低了内部控制的有效性。王鹏等从股权结构和财务特征角度研究发现,股权性质显著影响我国上市公司的内部控制质量,且国有企业中的内部控制缺陷明显高于非国有企业。[29]陈丽蓉等以我国2009—2014年上市公司的数据为研究样本,发现产权性质会显著影响内部控制的质量,相比非国有企业,国有企业的内部控制质量更低。此外,高管变更与内部控制质量显著负相关,国有产权性质会加剧这种负向影响。[30]

(2) 治理层和管理层角度

董事长的年龄、教育水平和任职时间等会对内部控制有效性产生影响。陈汉文等以2007—2012年我国A股上市公司为研究对象,发现董事长的年龄、教育水平和任职时间与企业的内部控制质量之间存在正相关关系。[31]雷辉等通过建立面板数据模型对我国上市公司进行实证分析,得出了相似结论。[32]

公司治理特征是影响内部控制质量的重要因素。张继德等通过问卷调查的方式进行研究,认为管理层的重视程度是影响企业内部控制质量的关键因素。[33]池国华等通过实证研究发现,高管背景会影响企业的内部控制质量,并且企业高管的主观判断(包括经营理念、价值观等)对企业内部控制的质量也存在不同程度的影响。[34]陈丽蓉等认为,高管变更会对企业内部控制质量产生消极作用。[30]刘进等利用创业板上市公司的数据进行研究,结果发现，高管规模越大，其公司的内部控制质量越高。进一步研究发现，女性高管的比例和年龄与企业内部控制质量存在负相关关系。[35]李端生等则认为女性在高管团队中的比例对企业内部控制质量的影响方向和显著程度并不明确，这与刘进的观点不一致，值得进一步探讨。[36]

此外，谈礼彦的研究发现，董事会的独立性、高管持股、企业规模的扩大等都会提高内部控制的有效性，而两职合一、监事会规模扩大、负债率升高会对内部控制质量产生不利影响。[37]

（3）内部审计角度

企业内部审计特征、内审委员会特征均会对内部控制质量产生显著影响。柳志对我国成立了内部审计委员会的上市公司进行研究，发现内部审计委员会特征对内部控制质量存在正向激励作用，内部审计委员会的独立性越强、经验越丰富、专业水平越高，其公司的内部控制质量就越高。[38]与之类似，王兵等的研究发现，企业内部审计人员的专业性水平与企业内部控制质量存在正相关关系，而审计规模对内部控制质量并没有显著影响。[39]

（二）经济后果层面

从目前国内文献来看，关于内部控制经济后果的研究主要集中在股价与融资成本、信贷约束、盈余管理、投资效率和审计费用等方面。

1. 股价与融资成本

企业内部控制水平的高低可以从侧面反映公司治理水平的高低，国内学者的研究也发现，内部控制有效性对企业股价和融资成本会产生影响。杨清香等发现，企业内部控制质量与股价正相关，相比自愿性披露，强制性披露更具价值相关性，详细披露对股价影响大于简单披露。[40]李将敏等以2012年沪深A股上市公司为样本，研究内部控制缺陷与融资成本之间的关系，实证结果显示，内部控制缺陷与权益资本成本和债务资本成本均显著正相关，相比债务资本成本，权益资本成本对缺陷的敏感度更高。[41]林钟高等的研究认为，在政府强有力的监管下，企业及时修复内部控制缺陷能够提高内部控制质量，降低债务融资的成本。[42]

2. 信贷约束

高质量的内部控制水平可以在一定程度上降低融资成本，从而缓解企业信贷融资约束。程小可等采用"投资—现金流"敏感模型研究内部控制和银企关联对融资约束的影响，研究结果表明，高水平的内部控制可以降低信息不对称，从而有效缓解融资约束。[43]周中胜和刘中华等的研究也证实了内部控制质量与债务融资成本呈显著负相关关系，内部控制缺陷会加剧企业的信贷约束。[44-45]

3. 盈余管理

国内关于内部控制与盈余管理关系的研究较多，从现有研究成果来看，学者们普遍认为，内部控制存在缺陷会影响企业的盈余管理，而高水平的内部控制能够在一定程度上抑制盈余管理行为。叶建芳等发现，存在内部控制缺陷的企业其盈余管理程度更高，修正内部控制缺陷可以有效降低企业的盈余管理程度。[46]范经华等在研究内部控制与两类盈余管理行为的关系时发现，高质量的内部控制水平能够抑制企业的应计盈余管理行为，但对真实盈余管理的抑制作用并不明显。[47]刘行健和刘昭则从内部控制视角研究了公允价值运用与盈余管理之间的关系，结果表明，内部控制缺陷会影响公允价值和盈余管理的关系。[48]

4. 投资效率

国内有较多研究内部控制与企业投资效率（或者非效率投资）之间关系的文献，很多学者认为高质量的内部控制水平可以帮助企业提高投资效率，降低非效率投资水平。李万福和方红星等的研究认为，有效的内部控制可以提高企业的投资效率，缓解非效率投资。[49-50]孙慧等的研究表明，在国有企业中，内部控制质量与投资效率显著正相关，且这种正向影响在中央政府管制的企业中更加明显。[51]此外，周传丽等在研究内控质量与投资效率的关系时，充分考虑家族企业特征、产权性质等因素，发现高水平的内部控制可以有效抑制企业的低效率投资，且在高管集权的家族企业、民营企业中，这种抑制作用更强。[52]

与上述学者认为内部控制有利于缓解企业非效率投资不同，部分学者认为，内部控制对非效率投资的作用并不明显。田高良等在考察内部控制评价报告的披露和审核对企业资源配置效率的作用时发现，内部控制对财务信息质量和资源配置效率的正向作用并不明显。[53]刘焱等考察了不同生命周期中企业内部控制有效性对过度投资的抑制作用，结果发现，对于成长期的公司来说，提升其内部控制水平并不能显著降低企业的非效率投资。[54]于雪彦和牛盼强的研究发现，在景气度较低的行业，内部控制对企业的投资效率没有明显影响。[55]

5. 审计费用

对于内部控制质量对审计费用的影响，我国学者得出了较为一致的结论。牟韶红和李越冬等的研究发现，内部控制质量越高，审计费用越低，审计费用与内部控制重大缺陷显著正相关。[56、27]张红英等分别从会计层面的内部控制缺陷和公司层面的内部控制缺陷入手展开研究，发现相较于公司层面的内部控制缺陷，会计层面的内部控制缺陷与审计费用的关系更为显著，且内部控制缺陷的修正能够有效降低审计费用。[57]

此外，研究还发现，提高内部控制有效性能够提高会计稳健性[50]、投资者决策的有用性[58、34]，有助于抑制大股东资金占用[59]、降低实际税负和规避财务困境等。[60]

除上述两类研究以外，近年来学者们更倾向于将内部控制作为调节变量运用于实证研究中，并取得一系列成果。范经华等在研究内部控制、审计师行业专长对应计和真实盈余管理的治理作用时发现，高质量的内部控制和事务所的行业专长均有助于抑制公司的应计盈余管理行为，且公司的内部控制质量越高，越能够显著增强审计师行业专长对真实盈余管理的治理作用。[47]欧凯丽等以2012—2016年沪深A股上市公司为样本，分析内部控制、管理层权力与在职消费之间的关系，发现内部控制能抑制管理层权力对在职消费的影响。[61]叶陈毅等发现，内部控制与企业社会责任显著正相关，媒体关注起到调节内部控制与企业社会责任关系的作用，且媒体关注越高，内部控制对企业社会责任的促进作用越显著。[62]

四、文献总结和展望

本文通过归纳和总结近十年国内外关于内部控制的文献,分析影响企业内部控制质量的基本因素以及其产生的经济后果,并得出以下结论和展望。

(一) 文献总结

对于内部控制这一领域的研究,国外学者起步较早,其研究成果也相对成熟。在文献回顾和梳理过程中可以发现,国外关于内部控制这一主题的研究大多都是基于严格的理论和实证检验,而国内学者在内部控制的模型构建、实验研究与调查研究等方面,更多是采用借鉴国外的方法,扮演"跟随者"的角色,国内尚未形成完整的内部控制研究体系。在制度规范这一方面,我国通过借鉴美国COSO框架并结合国情,于2008年相继出台《内部控制基本规范》及其配套指引,由此,中国内部控制体系才初步形成。

国内外关于内部控制的研究主要集中于内部控制的影响因素及经济后果。在内部控制质量的影响因素方面,国内外学者普遍认为公司基本特征(如财务状况、上市时间、规模大小、盈利能力等)对内部控制质量会产生影响。有关内部控制影响因素的研究越来越深入,所涉及的领域也越来越广,除了公司基本特征和治理层面外,有关内部控制所处的制度背景、文化环境等的研究也在不断完善。此外,近年来,学者们越来越关注内部控制的决策价值,有关其经济后果(具体包括股价、债务契约、盈余管理、审计费用、投资者保护、信息质量、外部信息使用者的风险反应等)的研究呈明显上升趋势。而内部控制作为企业内部的一项重要监督制度,与公司治理的结合也是近年来研究的一个热点话题,如何利用内部控制提高公司的治理水平具有重大的理论和实践意义,这也给我国学者研究内部控制拓宽了思路。

对比国内外内部控制文献可以发现两点不同。一是由于国内外法律环境存在差异,各国对内部控制缺陷披露水平的要求和相关结果不同。国外对内部控制缺陷的披露水平要求更高,因而产生了更多有关内部控制缺陷的直接数据供学者们进行实证研究;而在国内,学者们主要通过自行建立内部控制评价指数或者利用迪博、厦大指数来衡量内部控制水平,数据来源有限,一定程度上限制了我国学者对内部控制这一主题的研究与探讨。二是相比国外,我国关于内部控制的研究起步晚、成果少,缺乏创新性的模型和方法,研究体系不够完备,再加上与企业内部控制相关的制度规范出现比较晚,这些研究成果的实务运用还不够成熟。

(二)研究展望

基于对国内外内部控制研究文献的回顾和梳理,本文对内部控制的研究有以下两点展望。

1. 扩展研究数据范围

考虑到未来我国相关法律规范的完善,对内部控制缺陷披露水平的要求将大大提高。有关内部控制经济后果的研究,学者们可以更多地直接使用内部控制缺陷数据进行实证研究与分析,从而提高研究成果的广泛性和准确性。

2. 深入研究内部控制的影响路径和机理

从我国现有研究成果来看,内部控制作为一项监督机制,在企业的经营管理中发挥着重要的作用。内部控制是公司治理的基础,而公司治理是内部控制的重要因素,将内部控制与公司治理结合起来研究具有很强的实践意义。因此,学者们应该积极探索和完善内部控制的影响路径和机理,提高内部控制质量,使其能更好地服务于公司治理。

参考文献

[1] Engel E, Hayes R M, Wang X. The Sarbanes – Oxley Act and Firms' Going – private Decisions [J]. Journal of Accounting and Economics, 2007, 44 (1 – 2): 116 – 145.

[2] Ashbaugh – Skaife H, Collins D W, JR W R Kinney. The discovery and reporting of internal control deficiencies prior to SOX – mandated audits [J].

Journal of Accounting and Economics, 2007, 44 (1 – 2): 166 – 192.

[3] Krishnan J. Audit Committee Quality and Internal Control: An Empirical Analysis [J]. The Accounting Review, 2005 (80): 649 – 675.

[4] Doyle J, Ge W, McVay S. Determinants of Weaknesses in Internal Control over Financial Reporting [J]. Journal of Accounting and Economics, 2007, 44 (1 – 2): 193 – 223.

[5] Ashbaugh – Skaife H, Collins D W, Kinney W R, et al. The Effect of SOX Internal Control Deficiencies and Their Remediation on Accrual Quality [J]. International Journal of Auditing, 2008, 83 (1): 217 – 250.

[6] Ashbaugh – Skaife H, Collins D W, Kinney, W R. The Discovery and Reporting of Internal Control Deficiencies Prior to Sox – Mandated Audits [J]. Journal of Accounting & Economics, 2005, 44 (1 – 2): 166 – 192.

[7] Yazawa K. The Incentive Factors forthe (Non –) Disclosure of Material Weakness in ICFR: Evidence from J – SOX Mandated Audits [J]. Social Science Electronic Publishing, 2015, 19 (2): 103 – 116.

[8] Hoitash U, Hoitash R, Bedard J C. Corporate Governance and Internal Control over Financial Reporting: A Comparison of Regulatory Regimes [J]. Accounting Review, 2009, 84 (3): 839 – 867.

[9] Gong G, Ke B, Yu Y. Home Country Investor Protection, Ownership Structure and Cross-Listed Firms' Compliance with SOX-Mandated Internal Control Deficiency Disclosures [J]. Contemporary Accounting Research, 2013, 30 (4): 1490 – 1523.

[10] Xu Li, Tang Alex. Internal control material weakness, analysts' accuracy and bias, and brokerage reputation [J]. Review of Quantitative Finance and Accounting, 2012, 39 (1): 27 – 53.

[11] Zhang I X. Economic consequences of the Sarbanes-Oxley Act of 2002 [J]. Journal of Accounting and Economics, 2007, 44 (1 – 2): 74 – 115.

[12] Piotroski J D, Srinivasan S. Regulation and Bonding: The Sarbanes –

Oxley Act and the Flow of International Listings [J]. Journal of Accounting Research, 2006, 46 (2).

[13] Goh B W, LI D. The Disciplining Effect of the Internal Control Provisions of the Sarbanes-Oxley Act on the Governance Structures of Firms [J]. The International Journal of Accounting, 2013, 48 (2): 248-278.

[14] Defond M L, Lennox C S. The effect of SOX on small auditor exits and audit quality [J]. Journal of Accounting and Economics, 2011, 52 (1): 0-40.

[15] Brochet F. Information Content of Insider Trades before and after the Sarbanes-Oxley Act [J]. The Accounting Review, 2010, 85 (2): 419-446.

[16] Gao F, WU Joanna Shuang, Zimmerman J. Unintended Consequences of Granting Small Firms Exemptions from Securities Regulation: Evidence from the Sarbanes-Oxley Act [J]. Journal of Accounting Research, 2009, 47 (2): 459-506.

[17] Piotroski J D, Srinivasan S. The Sarbanes-Oxley Act and the Flow of International Listings [Z/OL]. http://citeseerx.ist.psu.edu/viewdoc/summary? doi=10.1.1.151.8280.

[18] Skaife H A, Collins D W, Kinney W R. The Discovery and Reporting of Internal Control Deficiencies Prior to Sox-Mandated Audits [J]. Journal of Accounting & Economics, 2005, 44 (1-2): 166-192.

[19] Ogneva M, Subramanyam K R, Raghunandan K. Internal Control Weakness and Cost of Equity: Evidence from SOX Section 404 Disclosures [J]. Accounting Review, 2007, 82 (5): 1255-1297.

[20] Beneish M D, Billings M B, Hodder L D. Internal Control Weaknesses and Information Uncertainty [J]. Accounting Review, 2008, 83 (3): 665-703.

[21] Gordon L A, Wilford A L. An Analysis of Multiple Consecutive Years of Material Weakness in Internal Control [J]. The Accounting Review, 2012, 87

（6）：2027-2060.

［22］Munsif V, Raghunandan K, Rama D V, et al. Audit Fees after Remediation of Internal Control Weaknesses ［J］. Social Science Electronic Publishing, 2011, 25（1）：87-105.

［23］Kim J B, Yeung I, Jie Z. Stock price crash risk and internal control weakness：presence vs. disclosure effect ［J］. Accounting & Finance, 2017, 59（2）：1197-1233.

［24］张颖, 郑洪涛. 我国企业内部控制有效性及其影响因素的调查与分析 ［J］. 审计研究, 2010（1）：75-81.

［25］康均, 范美华. 内部控制有效性及其影响因素实证研究——基于中国 A 股的经验数据 ［J］. 财会通讯, 2013（27）：46-49.

［26］蔚风英, 林爱梅. 内部控制有效性影响因素研究 ［J］. 财会通讯, 2015（18）：87-90.

［27］李越冬, 张冬, 刘伟伟. 内部控制重大缺陷、产权性质与审计定价 ［J］. 审计研究, 2014（2）：45-52.

［28］吴秋生, 刘沛. 企业文化对内部控制有效性影响的实证研究——基于丹尼森企业文化模型的问卷调查 ［J］. 经济问题, 2015（7）：106-114.

［29］王鹏, 窦欢, 刘威仪. 内部控制质量、企业特征与盈余质量 ［J］. 中国注册会计师, 2013（2）：45-51.

［30］陈丽蓉, 罗星, 韩彬. 高管变更对内部控制质量的影响研究 ［J］. 财会通讯, 2016（30）：65-68, 129.

［31］陈汉文, 王韦程. 董事长特征、薪酬水平与内部控制 ［J］. 厦门大学学报（哲学社会科学版），2014（2）：90-99.

［32］雷辉, 刘婵妮. 董事会特征对内部控制质量的影响——基于我国 A 股上市公司面板数据研究 ［J］. 系统工程, 2014（9）：11-18.

［33］张继德, 纪佃波, 孙永波. 企业内部控制有效性影响因素的实证研究 ［J］. 管理世界, 2013（8）：179-180.

［34］池国华, 张传财, 韩洪灵. 内部控制缺陷信息披露对个人投资者

风险认知的影响：一项实验研究［J］．审计研究，2012（2）：105-112.

［35］刘进，池趁芳．高管团队特征、薪酬激励对内部控制质量影响的实证研究——来自创业板上市公司的经验数据［J］．工业技术经济，2016（2）：60-67.

［36］李端生，周虹．高管团队特征、垂直对特征差异与内部控制质量［J］．审计与经济研究，2017（2）：24-34.

［37］谈礼彦．公司治理特征对内部控制质量的影响［J］．财会通讯，2019（5）：52-55.

［38］柳志．上市公司审计委员会特性对内部控制质量影响的实证研究［J］．商业会计，2011（35）：43-45.

［39］王兵，张丽琴．内部审计特征与内部控制质量研究［J］．南京审计学院学报，2015（1）：76-84.

［40］杨清香，俞麟，宋丽．内部控制信息披露与市场反应研究——来自中国沪市上市公司的经验证据［J］．南开管理评论，2012（1）：123-130.

［41］李将敏，陈淑芳．内部控制缺陷披露对资本成本的影响研究——基于沪深两市A股的经验数据［J］．西安财经学院学报，2014（6）：54-60.

［42］林钟高，丁茂桓．内部控制缺陷及其修复对企业债务融资成本的影响——基于内部控制监管制度变迁视角的实证研究［J］．会计研究，2017（4）：73-80.

［43］程小可，杨程程，姚立杰．内部控制、银企关联与融资约束——来自中国上市公司的经验证据［J］．审计研究，2013（5）：80-86.

［44］陈汉文，周中胜．内部控制质量与企业债务融资成本［J］．南开管理评论，2014（3）：103-111.

［45］刘中华，梁红玉．内部控制缺陷的信贷约束效应［J］．审计与经济研究，2015（2）：13-20.

［46］叶建芳，李丹蒙，章斌颖．内部控制缺陷及其修正对盈余管理的影响［J］．审计研究，2012（6）：50-59.

[47] 范经华,张雅曼,刘启亮. 内部控制、审计师行业专长、应计与真实盈余管理 [J]. 会计研究, 2013 (4): 81-88.

[48] 刘行健,刘昭. 内部控制对公允价值与盈余管理的影响研究 [J]. 审计研究, 2014 (2): 59-66.

[49] 李万福,林斌,宋璐. 内部控制在公司投资中的角色: 效率促进还是抑制?[J]. 管理世界, 2011 (2): 81-99.

[50] 方红星,金玉娜. 公司治理、内部控制与非效率投资: 理论分析与经验证据 [J]. 会计研究, 2013 (7): 63-69.

[51] 孙慧,程柯. 政府层级、内部控制与投资效率——来自国有上市公司的经验证据 [J]. 会计与经济研究, 2013 (3): 65-74.

[52] 周传丽,余春芳. 高管配置、非效率投资与内部控制关系——基于上市家族企业的经验证据 [J]. 北京工业大学学报(社会科学版), 2015 (3): 26-33.

[53] 田高良,齐保垒,李留闯. 基于财务报告的内部控制缺陷披露影响因素研究 [J]. 南开管理评论, 2010 (4): 134-141.

[54] 刘焱,姚海鑫. 高管权力、审计委员会专业性与内部控制缺陷 [J]. 南开管理评论, 2014 (2): 4-12.

[55] 于雪彦,牛盼强. 行业景气度、内部控制与非效率投资 [J]. 现代管理科学, 2015 (7): 61-63.

[56] 牟韶红,李启航,于林平. 内部控制、高管权力与审计费用: 基于2009—2012年非金融上市公司数据的经验研究 [J]. 审计与经济研究, 2014 (4): 40-49.

[57] 张红英,高晟星. 内部控制缺陷和审计费用关系的实证研究——基于内部控制缺陷细化视角 [J]. 财经论丛, 2014 (8): 51-59.

[58] 张继勋,周冉,孙鹏. 内部控制披露、审计意见、投资者的风险感知和投资决策: 一项实验证据 [J]. 会计研究, 2011 (9): 66-73.

[59] 杨德明,林斌,王彦超. 内部控制、审计质量与大股东资金占用 [J]. 审计研究, 2009 (5): 74-81.

[60] 李万福, 陈晖丽. 内部控制与公司实际税负 [J]. 金融研究, 2012 (9): 195-206.

[61] 欧凯丽, 李欢. 内部控制、管理层权力与在职消费 [J]. 财会通讯, 2019 (3): 100-103.

[62] 叶陈毅, 李聪, 李佳萱, 董雪琪. 内部控制、媒体关注与企业社会责任研究 [J]. 会计之友, 2019 (7): 36-42.

城镇房产财富对家庭教育投资决策的影响[*]

——基于中国家庭追踪调查（CFPS）数据

◎赵国昌[1] 谭靖琢[2]

1 西南财经大学经济与管理研究院，四川成都，610074；2 成都工业学院计划财务处，四川成都，610031

摘　要：本文使用中国家庭追踪调查（CFPS）数据，利用OLS和Tobit模型分析城镇房产财富与家庭教育投资决策间的关系。研究发现，二者在儿童组（幼儿园孩子和小学生）存在非线性的倒U形关系，当家庭房产财富增加到一定程度后，对子女的教育支出会随着房产财富的增加而减少；在青少年组（中学生）中，家庭房产财富越大，家庭教育投资越多。分位数回归和截断工具变量分位数回归的结果表明，对于教育支出更大的家庭，房产财富对教育支出的影响也更大。此外本文还发现，即使仅拥有一套完全产权住房，不论是用来居住还是满足投资需求，都会因房产财富的变动影响家庭对子女的教育投资决策。

关键词：房产财富　家庭教育投资　收入效应　替代效应

---

[*] 本文系国家自然科学基金青年项目"高校扩招、高等教育收益率与个人教育投资：一个信息不对称条件下劳动力市场动态均衡的理论和实证分析"（71603215）的阶段性成果。

一、引言

自20世纪90年代起,我国政府开始对城市的私有住房实施综合性改革,中国的房产市场开始快速发展。到2011年,大约90%的城市家庭都拥有了房产。[1]与此同时,房产价格也经历了大幅上涨。根据国家统计局的调查数据,2000—2013年,名义房价从平均每平方米1948元上涨到平均每平方米5850元;同期,31个二线城市的实际房价以每年10.5%的幅度上涨,而北京、上海、广州和深圳这四个一线城市的房价更是以每年13.1%的速度增长。[2]

此外,我国家庭的教育支出也持续增加。1990年以来,我国家庭的教育支出平均以每年29.3%的速度增长;到1999年,全国城镇居民人均教育投资是1996年的9.6倍。根据《2005年中国居民生活质量指数研究报告》的估计,在被调查的8个大中城市和7个小城镇家庭中,孩子教育花费占家庭收入的比重分别达到25.9%和23.3%;《中国统计年鉴》2013年的数据显示,2012年我国居民在教育方面的支出达到家庭总支出的5.6%。相当数量的居民家庭为负担子女教育支出而进行长期储蓄。2007年,中国人民银行对城乡居民储蓄目的进行调查,发现"攒教育费用"排在"养老"和"住房"之前,是居民储蓄的首要目的。[3]教育支出已经成为家庭支出的重要组成部分。

家庭的教育支出不仅是家庭消费的一部分,而且是能够带来未来经济利益的资本性支出。而住房资产作为家庭财富的重要组成部分,其变动会给家庭财富带来显著冲击。通常,住房价格的变化意味着住房财富的变化,住房财富的变化会导致家庭财富的变化。

结合近年来家庭教育投资显著增加和房产市场快速发展的情况,本文旨在探究房产财富与家庭教育投资决策的关系。基于基本的经济学理论,二者可能存在两种效应:替代效应和收入效应。就替代效应来说,如果家庭认为投资房产所获的收益更大而投资后代教育的收益相对较小,家庭会更倾向于将财富投入房产市场中,那么房产投资就会挤出家庭教育投资;就收入效应来说,根据财富效应机制,家庭的房产财富作为家庭财富的重要组成部分，其增值会导致家庭预期收入和总财富增加，家庭就有更多资源分配给后代接受教育，从而房产财富的增加就引起了家庭教育投资的增加。现实中，哪种效应更大是一个实证问题。但是目前学术界对这二者之间关系的研究较为匮乏，而对该问题的回答无论是对家庭的投资决策还是对国家的住房和教育政策以及长期经济发展政策都有着重要的现实意义。

本文利用中国家庭追踪调查（CFPS）2010年、2012年和2014年三年的面板数据估计了城镇房产财富对家庭教育投资决策的影响。结果表明：对于子女处于小学或者幼儿园阶段的城镇家庭来说，家庭的房产财富与家庭对子女的教育支出存在非线性的倒U形关系；而对于子女处于初中或者高中阶段的家庭，二者存在线性关系。本文的发现与之前研究结果不同，房产财富和家庭教育投资之间并不是简单的促进或者挤出关系，而是一种非线性关系。并且，如果孩子处于不同的学龄阶段，家庭对子女的教育投入决策会存在差异。这些发现为研究房产市场对城镇家庭教育投资决策的影响提供了新的实证依据。

二、文献综述

本文研究的问题是城镇家庭房产财富是否会影响家庭对子女的教育投资决策，涉及的文献主要有两类：第一类是研究家庭教育投资决策影响因素的文献，第二类是研究房产市场的发展对家庭其他投资行为影响的文献。

（一）家庭教育投资决策的影响因素

这类文献数量众多。"数量—质量"替代理论是国外研究家庭教育投资决策的经典理论。[4]该理论认为，家庭行为的基本准则是效用最大化，当家庭收入增加时，父母会选择减少生育孩子的数量，更加注重孩子的质量。此后，Rosenzweig、Wolpin和Hanushek等学者都对"数量—质量"替代理论进行了检验。[5-6] Fan、Li和甘宇等也证实了家庭教育投资水平与子女数量之间存在负向关系。[7-9]

家庭的人口结构特征对家庭教育支出也存在广泛影响。李红伟发现，受传统性别观念的影响，家庭在进行教育投资决策时向男孩倾斜，尤其在经济状况相对较差的家庭中，女孩获得的教育资源会受到明显约束。[10]然而，近年来越来越多的研究发现，家庭对子女的性别偏好在教育投资方面不再突出。李通屏的研究表明，城市家庭男孩和女孩能够平等地享受教育资源，甚至女孩得到的教育资源会略高于男孩。[11]还有研究通过比较男女两性的人力资本投资收益率，证明了人力资本收益率存在性别差异，并且女性要高于男性。[12-13]

家庭规模是影响家庭教育投资决策的另一个因素。李旻等的研究发现，家庭中人口数量越多，父母分配给子女用来提高智力和受教育水平的可利用资源（物质和非物质资源）越有限。[14]

此外，多数文献认为，收入是影响家庭教育投资的重要因素。Hashimoto 和 Health 发现，家庭教育支出的平均弹性系数为 1.72，即家庭收入的变动会显著引起家庭教育支出的变动。[15]如果家庭或个体受到不利冲击，家庭成员的教育投入很可能被迫减少。孙昂和姚洋的研究表明，如果农户中的劳动力受到大病冲击，致使自身健康状况下降，那么家庭就会减少对子女的教育投入。[16]

（二）房产财富对家庭其他投资行为的影响

住房是家庭财富的重要组成部分，其价值的大幅波动会引起明显的财富效应，从而对家庭的投资或消费等方面行为产生重要影响。[17]20 世纪 90 年代，中国开始进行住房改革，向国有企事业单位职工出售大量公租房。自此，我国房产市场蓬勃发展，房价随即迅速上涨，导致居民家庭住房财富差异进一步扩大，并造成了一系列社会后果。[18-19]

关于房产投资对家庭金融资产投资的影响，国外学者主要从"挤出效应"和"资产配置效应"两方面进行研究。关于"挤出效应"，Heaton 和 Lucas 发现，房产投资对家庭风险金融资产参与行为的影响以"挤出效应"为主，即房产投资占家庭财富的比重越高，家庭投资股市的可能性就越小。[20]Cocco 的研究也表明，房产投资对参与股票市场和债券市场的行为存在"挤出效应"，同时财富相对较少的家庭受到"挤出效应"的影响更为明显。[21]国内学者的研究也得到同样的结论。何兴强、张亚惠等的研究证明了投资房产会降低居民家庭在风险金融资产方面的投资。吴卫星、骆祚炎和周弘等的研究结果均表明,房产投资与其他金融资产投资之间存在"挤出效应"。[22-26]

部分学者关注房产财富与家庭其他经济行为的关系。Wang 的研究表明,住房改革后家庭可以用住房作为抵押品,从而减弱个人创业的信贷约束,提高了利用自有房产为创业活动融资的能力[27];李江一和李涵的研究发现,拥有可抵押完全产权住房的家庭,参与创业的可能性显著提高。[28] Fu 等利用 2011 年 CHFS 数据估计发现,房产财富每增加 100 万元会使女性房主的劳动市场参与率减少 1.37%。[29]

在我国居民的财富构成中,住房财富是重要的组成部分,而且随着我国城镇房价持续上涨,拥有住房的家庭获得了意外的财富收益。房产增值带来的财富效应对家庭的消费和投资行为产生了深远的影响,也带来了意想不到的经济和社会效果。

三、数据和描述统计量

数据和变量

本文主要使用中国家庭追踪调查(China Family Panel Studies,CFPS)数据。CFPS 由北京大学中国社会科学调查中心(ISSS)实施,是一项全国性综合社会跟踪调查。受访者包括样本家庭中的所有家庭成员,其分层的多阶段抽样设计使样本能够代表 95% 的中国人口。CFPS 在 2010 年正式开展访问,每两年进行一次,内容涉及家庭各方面的详细信息,包括家庭的金融资产、非金融资产、负债、保险、收入、消费以及大量的人口统计学变量,并且访问了家庭所拥有的自有产权房数量,记录现居房屋的各种属性,包括楼层、房屋购置年份、购置价格、自评估的现值以及所处位置等。[30]

基于本文的研究目标,笔者选取了 2010 年、2012 年和 2014 年三期全国整合样本面板数据①。并对调查对象进行城乡划分,保留城镇属性样本。

---

① 由于北京、上海、广州、深圳四个城市的房价上涨明显,本文尝试去掉四个城市数据进行检验,发现与包含这部分样本的结果差异不明显。因此,本文的样本中保留了这四个城市。

通过对原始数据的详细整理，最终得到 4246 个城镇孩子样本。为了增强年份数据的可比性，本文以 2010 年不变价为基础，对 2012 年和 2014 年的数据进行物价平减，扣除了价格因素的影响。

本文模型中的被解释变量为过去一年家庭对孩子的教育支出总额，CFPS 包含家庭的教育支出总额以及具体支出项目。模型的主要关注变量是城镇家庭的房产财富。CFPS 提供了有关家庭房产的详细信息，包括房产数量、市值、面积、产权、购买时间、购买价值等。据此，本文计算出城镇家庭拥有的自有产权房产总价值，以此代表家庭的房产财富。如果家庭所居住的房屋不是自有产权，那么住房财富被视为 0。

通过参考相关文献和结合实际，本文增加了家庭层面和个体层面的一系列控制变量。家庭层面变量包括过去一年家庭的净收入、医疗保健支出、消费支出、人口规模、家庭中接受高中及以下教育的孩子数量、孩子的性别构成、家庭中老人的数量、拥有房产的数量以及房贷总额；个体层面变量包括父母亲的受教育年限和年龄、婚姻状况虚拟变量；孩子所处的受教育阶段（未上学、幼儿园、小学、初中、高中）虚拟变量、年龄、性别、年份虚拟变量。此外，为了排除地域差异的影响，本文还加入了省份虚拟变量。

为了进一步探讨房产财富对家庭教育投资决策的影响，本文将样本总体细分为儿童（幼儿园孩子或小学阶段的孩子）和青少年（处于初中或高中阶段的孩子）两组，原因是考虑到这两组样本的教育支出结构和教育选择灵活性存在较大差异。

表 1 给出了本文的数据筛选过程，通过对缺失值和异常值的处理，最终样本包含 4246 个城镇孩子。表 2 报告了主要变量的描述性统计特征。样本中家庭在过去一年平均为每个孩子花费的教育支出为 3452.27 元，标准差为 5805 元，这一数值远远高于样本平均值。这说明，城镇家庭之间，家庭对子女的教育支出存在十分显著的差异。

表1　数据筛选过程

步骤	观测值
初始样本	6931
步骤1：去掉省份变量缺失的样本	(-) 3
步骤2：去掉儿童受教育年限缺失的样本	(-) 40
步骤3：去掉家庭收入缺失的样本	(-) 120
步骤4：去掉出现房产财富极端值的样本	(-) 341
步骤5：去掉家庭消费支出缺失的样本	(-) 686
步骤6：去掉家庭贷款总额缺失的样本	(-) 1495
最终样本	4246

表2　描述性统计

变量	均值	标准差	观测值	最小值	最大值
孩子的教育支出（元）	3452.27	5804.58	6784	0	100200
孩子特征					
男孩	0.52	0.50	6784	0	1
年龄	9.97	4.47	6784	3	18
上学	0.95	0.22	6784	0	1
幼儿园	0.16	0.37	6784	0	1
小学	0.46	0.50	6784	0	1
初中	0.19	0.39	6784	0	1
高中	0.14	0.34	6784	0	1
少数民族	0.08	0.27	3259	0	1
父母特征					
父亲年龄（岁）	42.38	10.05	6784	22	75
母亲年龄（岁）	40.71	10.09	6784	18	68
父亲受教育年限（年）	7.17	4.76	6784	0	24
母亲受教育年限（年）	5.57	4.99	6784	0	24
父母离异	0.29	0.45	6784	0	1
家庭特征					
家庭规模（人）	4.53	1.72	6784	1	17
老人数量（人）	0.53	0.79	6784	0	4
孩子数量（人）	1.47	0.71	6784	1	5

续表

变量	均值	标准差	观测值	最小值	最大值
老人比例	0.10	0.16	6784	0	1
男孩比例	0.52	0.44	6784	0	1
家庭消费支出（万元）	4.86	5.20	6093	0.07	117.65
医疗保健支出（万元）	0.40	1.48	6700	0	50.00
家庭纯收入（万元）	4.99	7.39	6176	0.01	402.82
房产数量（套）	1.25	0.56	6782	0	12
房产总值（万元）	46.84	80.10	6781	0	995
现居房产价值（万元）	38.30	62.39	6597	0	2000
现居房产初始值（万元）	10.06	15.52	6000	0	310
现居房产增值（万元）	27.01	50.56	4143	−45	965.15
其他金融资产（万元）	0.97	7.35	4909	0	400
2010年样本	0.44	0.50	6784	0	1
2012年样本	0.26	0.46	6784	0	1
2014年样本	0.30	0.35	6784	0	1

样本中家庭房产财富的均值为46.84万元，而其标准差却达到了80.10万元，是其均值的1.7倍。这说明，城镇家庭间住房财富的确存在较大差异。同时，本文发现房产财富增加值的均值为27.01万元，这说明，平均来看，城镇家庭住房财富值的一半来自房产财富的增值，房产市场的发展引发房价上涨，产生显著的财富效应。类似地，房产财富增值的标准差为50.56万元，约占住房财富标准差的63%，城镇家庭之间住房财富的差异大部分也是来自住房财富的增值部分。

男孩数量比重为52%，稍微多于女孩。孩子的平均年龄在10岁左右。有近5%的孩子未参加任何学校或教育机构，有16%的孩子正在读幼儿园，读小学的孩子比重最高，达到样本量的46%，初中阶段的孩子占样本的19%，而处于高中阶段的孩子比例最少，仅为14%。有约79%的家庭只拥有一套自有产权住房，19%的家庭拥有两套自有产权房屋，城镇家庭平均拥有的房产数量约1.3套；现居房产的现值均值约38万元，初始价值均值约10万元。

图 1 使用非参数方法估计了家庭房产财富和家庭对子女的教育支出的关系。首先，在总样本中，可以发现二者存在一定的倒 U 形关系：随着家庭房产财富的增加，对子女的教育支出也会持续增加，但是到达最高点后，对子女的教育支出会随着房产价值的增加而减少。其次，当把样本进一步分成儿童组和青少年组以后，这种倒 U 形关系存在于儿童组（幼儿园孩子和小学生）中，在青少年组（中学生）中教育支出和房产价值之间的关系更接近于线性。

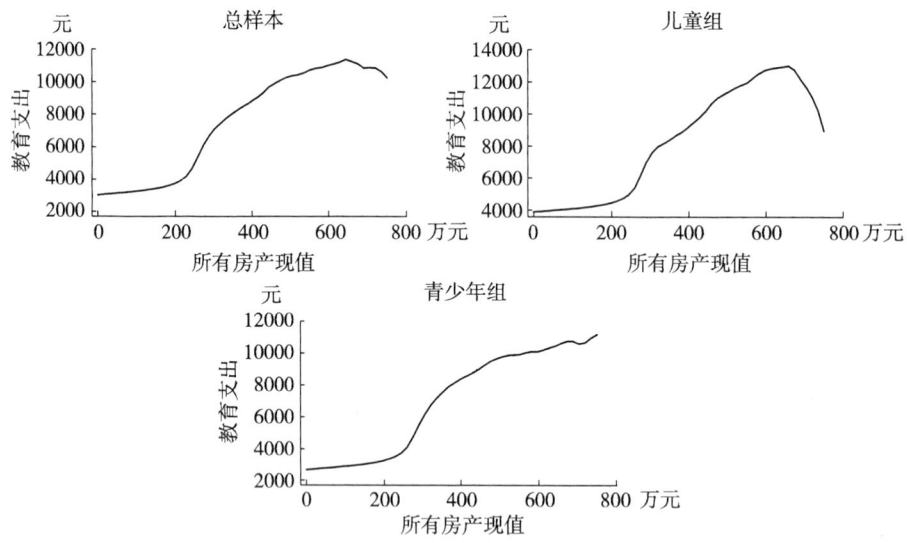

图 1　家庭房产财富与教育支出：非参数估计

四、计量模型

本文研究家庭对子女的教育投资决策是否会受家庭房产财富的影响，样本为 3~18 岁高中及以下教育阶段的孩子，被解释变量为家庭每年对每个孩子的教育支出总额，包括校内教育支出（学费、杂费、住宿费、交通费、其他费用）和校外教育支出（课外辅导费）。主要关注变量为家庭房产财富总值，是居民家庭所有自有产权住房的现值之和。

为了估计家庭房产财富对子女教育投资决策的影响，本文利用以下面

板数据模型来估计:

$$Eduexp_{ijt} = \beta_0 + \beta_1 HWealth_{ijt} + \tau' X_{ijt} + u_j + u_t + \varepsilon_{ijt} \quad (1)$$

其中,β_1 是本文感兴趣的参数,表示房产财富对家庭教育投资决策的边际影响;i 是个体维度,j 是城市维度,t 是时间维度。本文的被解释变量为家庭第 t 年在孩子 i 身上的教育支出,记作 $Eduexp_{ijt}$,由于受变量限制,被解释变量存在一部分子女教育支出为零的情况,所以本文主要利用 Tobit 模型进行实证估计。此外,$HWealth_{ijt}$ 代表孩子 i 所在家庭的房产财富总值。β_0 是截距项,ε_{ijt} 为误差项。X_{ijt} 代表其他控制变量,包括家庭层面变量和个体层面变量。u_j 和 u_t 分别代表城市固定效应和时间固定效应。

五、实证结果

(一)基本回归结果

本文选取了 2010 年、2012 年和 2014 年 CFPS 城镇家庭中 3~18 岁高中及以下教育阶段的孩子的样本,并使用 OLS 和 Tobit 模型对方程(1)进行估计。由前文可知,对于总样本和儿童组来说,房产财富对家庭教育支出的影响是非线性的,所以笔者将在模型中加入"房产财富的平方项";而对于青少年组来说,房产财富和家庭教育支出接近线性关系,所以青少年组未加入房产财富的平方项[①]。所有的标准误都在家庭层面进行聚类调整。

表 3 报告了 OLS 和 Tobit 模型的估计结果。虽然两种估计结果的绝对值不适合直接比较,但两种结果均显示:对儿童组来说,房产财富与家庭对子女的教育支出存在非线性的倒 U 形关系,同时在全样本中房产价值的平方项不显著;对于青少年组来说,房产财富与家庭对子女的教育支出呈现线性关系。这与图 1 对两者关系的描述一致。由于模型中加入了房产财富的平方项,就不能将回归系数理解为边际效应。本文计算了解释变量"房产财富"的标准差与被解释变量"家庭对子女教育支出"的标准差之间的关系。如第(2)列,对于儿童组来说,在房产财富均值处,房产财富的一个

---

① 实际上本文也尝试加入房产机制的平方项,但是统计上不显著。

标准差变动将会引起家庭对子女教育投资的 0.2 个标准差的变化。第（2）和第（5）列的结果也表明，当房产财富达到一定水平后，家庭对子女的教育投入开始减少。

表 3 城镇家庭房产财富与家庭教育支出的关系

变量	OLS			Tobit		
	全样本	儿童组	青少年组	全样本	儿童组	青少年组
	（1）	（2）	（3）	（4）	（5）	（6）
房产总值	15.732***	38.080***	9.057*	18.711***	21.700**	8.372
	(5.188)	(6.928)	(4.876)	(5.331)	(6.111)	(20.706)
房产总值平方	-0.013	-0.060***	—	-0.018	-0.028**	—
	(0.009)	(0.015)		(0.014)	(0.028)	
均值处房产总值的边际效应	0.168***	0.206***	—	0.138***	0.172**	—
样本量	4246	2707	1539	4246	2707	1539

注：所有回归中都控制了其他解释变量、年度固定效应和城市固定效应；均值处房产总值的边际效应进行了标准化处理，即计算家庭房产总值的一个标准差会导致教育支出多少个标准差的变化；括号中的数字是在家庭层面进行聚类调整的稳健标准误；***、**、*分别表示 1%、5%、10% 的显著性水平。

（二）影响机制

1. 二套房与财富预期

本文已经发现，由房产市场的发展带来的房产财富增加会引起家庭对子女教育投资的增加。因为拥有自有产权房的家庭，可以通过多种途径实现财富增值，如出售房产、出租房屋、抵押房产等，从而资金约束得到缓解，对未来收入的预期增加。住房最基本的用途是居住，那么鉴于对房屋的刚性居住需求，房价上涨是否会改变只拥有一套自有产权房的家庭的财富预期？为了检验仅拥有一套住房的家庭的房产财富值是否受到更小的影响，本文在模型中加入房产财富和"家庭是否有二套房"虚拟变量的交互项，来检验上述影响机制。

表 4 的第（1）至第（3）列报告了相应的估计结果，从中可以发现：在三个样本组中，交互项系数都不显著，这说明二套房并非房产价值影响家庭教育投资的机制；即使仅拥有一套自有产权房，家庭教育支出也会受

到房产市场发展的影响。

表4 机制分析:Tobit模型估计结果

变量	全样本(1)	儿童组(2)	青少年组(3)	全样本(4)	儿童组(5)	青少年组(6)
房产总值	21.794*** (6.268)	20.205*** (7.239)	7.589 (4.999)	6.412 (7.245)	4.708 (8.856)	5.474 (6.371)
房产总值平方	-0.037** (0.016)	-0.033 (0.021)	— —	0.008 (0.017)	0.008 (0.019)	— —
房产总值 * 二套房	-1.451 (7.174)	3.618 (8.572)	1.946 (5.617)			
房产总值平方 * 二套房	-0.019 (0.021)	0.002 (0.024)	—			
房产总值 * 收入				1.108* (0.681)	1.452* (0.887)	0.263 (0.500)
房产总值平方 * 收入				-0.002* (0.001)	-0.003* (0.002)	—
样本量	4246	2707	1539	4246	2709	1537

注:所有回归中都控制了其他解释变量、年份固定效应和城市固定效应;括号中的数字是在家庭层面进行聚类调整的稳健标准误;***、**、*分别表示1%、5%、10%的显著性水平。

2. 住房资产与收入效应

既然房屋数量的多少并不能影响家庭对子女的教育支出,那么房产财富本身价值的大小是否影响家庭对子女的教育支出?已有研究表明,由房产市场发展引发的房价上涨,使家庭的房产财富获得意外增值。房产作为家庭的固定资产,是一个存量指标,不容易变现;而收入是流量指标,房产财富越多的家庭,可能通过提高收入预期而扩大房产的财富效应,即产生了收入效应。为了检验住房财富与家庭的教育投资决策之间是否存在上述机制,本文在模型中加入住房财富与家庭收入交互项进行估计。

表4的第(4)至第(6)列给出了相应的估计结果,从中可以发现:交互项的系数在全样本组、儿童组都是显著的;而对于青少年组来说影响并不显著。且通过计算发现,房产财富对家庭教育支出总的边际影响是正向的,这说明,当家庭拥有一定收入后,房产财富更多的家庭在子女教育

上的支出会更高,高房产财富意味着相对高的收入,房产财富对收入存在放大作用。

六、稳健性检验

(一) 房产财富增值与家庭教育支出

如果房产确实通过财富效应增加了家庭的财富及收入预期,本文就可以尝试使用其他的指标检验二者关系。已有文献采用的财富效应衡量指标包括接受遗产赠与、获得彩票收入、获得租金补贴等正向的财富冲击,也有学者利用房产财富的增值作为衡量指标[28]。本文将模型(1)中的关键变量"房产财富总值"替换为"家庭现居房产财富变动值"(下文称"房产财富增值"或"房产增值"),是由"现居房产价值"与"现居房产初始购置价值(折合到当年)"的差值得到。表5报告了房产财富增值与教育支出之间的关系,结果表明,对于全样本组和儿童组来说,现居房产财富增值和家庭对子女的教育投入之间同样存在非线性的倒U形关系。

表5 城镇家庭房产财富增值与家庭教育支出的关系

变量	OLS			Tobit		
	全样本 (1)	儿童组 (2)	青少年组 (3)	全样本 (4)	儿童组 (5)	青少年组 (6)
房产增值	17.210**	40.648***	15.526**	20.049***	19.684**	12.633**
	(6.850)	(13.115)	(7.632)	(7.194)	(9.514)	(5.640)
房产增值平方	-0.053*	-0.122**	—	-0.059***	-0.083**	—
	(0.032)	(0.055)	—	(0.033)	(0.044)	—
样本量	3555	2226	1329	3555	2226	1329

注:所有回归中都控制了其他解释变量、年份固定效应和城市固定效应;括号中的数字是在家庭层面进行聚类调整的稳健标准误;***、**、*分别表示1%、5%、10%的显著性水平。

(二) 内生性检验

两个可能的识别问题会使估计结果存在偏误:第一,家庭自我报告的房产购置价格和房产现值可能不准确;第二,可能存在遗漏变量问题。因此,本部分采用工具变量法解决此类识别问题。本文使用的房产财富工具变量为"家庭所在社区其他住户的房产财富平均价值"。如果每户家庭仅拥有一套自有产权房,此工具变量就是非常可信的。在这种情况下,一方面,一个家庭的房产财富价值与其邻居的房产财富价值是高度相关的,因为两个家庭的房屋非常临近,那么在房产市场上房价也基本相同;另一方面,单个家庭对子女的教育投资决策与其邻居的房产财富价值并没有直接的关系。由描述性统计可知,样本中有约79%的家庭仅拥有一套自有产权房,所以本文的工具变量可以得到较准确的稳健性结果。

值得注意的是,由于本文发现房产财富和家庭对子女的教育支出之间存在非线性的倒 U 形关系,所以在工具变量的选取上,本文不仅需要利用"家庭所在社区其他住户房产财富的平均值"作为"家庭房产财富"的工具变量,而且需要将其平方项作为"房产财富平方项"的工具变量,并重新估计模型(1),估计结果报告在表 6 中。

表6 工具变量估计

变量	IV			IV – Tobit		
	全样本 (1)	儿童组 (2)	青少年组 (3)	全样本 (4)	儿童组 (5)	青少年组 (6)
房产总值	34.394*** (13.003)	35.620** (16.810)	16.967*** (6.022)	34.670*** (9.759)	31.360*** (12.499)	16.875*** (5.137)
房产总值平方项	-0.045 (0.049)	-0.042 (0.063)	— —	-0.046 (0.033)	-0.030 (0.041)	— —
弱工具变量 F 统计量	7.859	2.358	124.64			
样本量	4092	2606	1486	4092	2606	1486

注:所有回归中都控制了其他解释变量、年份固定效应和城市固定效应;括号中的数字是在家庭层面进行聚类调整的稳健标准误;***、**、*分别表示1%、5%、10%的显著性水平。

表 6 显示,房产财富平方项与家庭对子女的教育投资之间的关系统计上不显著。换句话说,倒 U 形关系在使用工具变量估计后消失了。这可能是因为内生性的程度在不同的教育支出水平处有差异。但是由于在全样本和儿童组中,一阶段弱工具变量 F 统计量太低,因此不宜对这个结果过多解读。如果仅关注青少年组,工具变量的系数大于 OLS 和 Tobit 的估计结果,说明还有一些没有观测到的因素可能使本文低估了房产财富对家庭教育投

资决策的影响,如个人偏好因素。不同家庭对房产投资的偏好存在差异,由于部分家庭偏好房产投资,而部分家庭偏好教育或其他方面的投资,即使房产财富的价值相同,也会存在差异。

(三) 分位数回归模型

普通最小二乘法和工具变量法估计的都是自变量对因变量条件均值处的影响。均值当然重要,但当因变量的分布不对称以及非常分散时,均值很容易受极端值影响。另外,除均值以外,本文也会关心自变量对因变量不同分布处的影响。Koenker 和 Bassett 提出的分位数回归可以很好地解决上述问题。[30]

前文的估计结果显示,住房财富处于不同水平的家庭,子女教育支出受到的影响也不尽相同,而且本文得到的估计结果是住房财富对教育支出的集中趋势和影响,并不能描述非中心位置的变化和特点,也不能给出解释变量的条件分位数函数。描述性统计部分显示,家庭对子女的教育支出标准差达到5305元,远高于其样本均值3452元,这可能是因为我国城镇家庭在收入水平、家庭成员受教育水平和资源禀赋方面存在较大差异。鉴于家庭教育支出的巨大差异,本部分使用分位数回归方法研究家庭教育支出的影响因素,从而全面认识住房财富与家庭教育支出之间的关系。

本文中因变量"家庭对孩子的教育支出"是截断(Censoring)的,因此,首先采用截断分位数回归方法(Censored Quantile Regression, CQR)(Powell, 1986) 估计在不同分位数处家庭房产财富的影响。[31]其次,如前所述家庭房产财富可能是内生的,因此进一步采用截断工具变量(Censored Quantile Instrumental Variable Regression, CQIV)(Chernozhukov et al., 2015)来重新估计[32]。表7报告了在房产财富0.20、0.50、0.70、0.90 和 0.95 分位数处的估计系数,从0.2分位数处开始是因为我们的样本中大约前12%的家庭教育支出为0。由于在控制城市固定效应以后,样本中CQR和CQIV算法常常不收敛,因此在这里将样本分为华北、华南、华东、华中、西北、西南和东北几个地区,并改为控制地区固定效应。

表7第一栏报告了截断分位数回归模型的结果。房产总值对处于0.9分

位点和 0.95 分位点处的家庭教育支出的影响最高,且与低分位数的估计结果不同,住房财富和家庭教育支出开始呈现倒 U 形的非线性关系。所以,对于家庭教育支出很高的家庭来说,房产财富的变动对其教育决策影响最为显著。表 7 第二栏报告了截断分位数工具变量回归模型的估计结果。由于第一栏中,二次项系数不显著,所以接下来仅检验不加入二次项的结果,工具变量仍为"同一社区其他家庭房产财富总值的均值"。可以发现,在各个分位数水平下,一次项的系数都是显著的,而且影响效应逐渐增加,这说明,房产财富与家庭对子女教育支出之间存在正向线性关系,而且家庭教育支出值越大,其所受到的影响也越大。

表 7 分位数回归

分位数	(1)	(2)	(3)	(4)	(5)
	0.20	0.50	0.70	0.90	0.95
(1) 截断分位数回归(CQR)					
房产总值	2.156	4.982	12.068	29.878	29.563
	[-1.29, 4.92]	[1.82, 14.64]	[6.99, 23.73]	[11.40, 44.70]	[13.47, 68.05]
房产总值平方项	0.004	0.009	0.004	-0.007	-0.013
	[-0.01, 0.013]	[-0.02, 0.01]	[-0.03, 0.01]	[-0.05, 0.01]	[-0.02, 0.07]
(2) 截断分位数工具变量回归(QR)					
房产总值	6.649	11.200	17.357	40.189	64.298
	[4.53, 7.62]	[8.62, 15.05]	[11.90, 23.92]	[18.53, 58.63]	[37.12, 123.54]
样本量	4246	4246	4246	4246	4246

注:所有的回归中都控制了其他解释变量、年度固定效应和地区固定效应;方括号中的数字是基于 500 次 bootstrap 的 95% 置信区间。

(四) 校外教育支出模型

从 2006 年 7 月 1 日起,我国开始普及九年义务教育。对于孩子处于初中及以下阶段的家庭来说,一方面,学校免收学费和杂费;另一方面,住宿费、交通费等方面的支出总额较小,且校内收费的项目有限,学生和家庭的自主选择性受限,所以这部分家庭教育支出不能体现出家庭决策的差异性。本文将孩子教育支出中书本费、学杂费、住宿费、交通费和其他校内费用的支出剔除,仅将剩下的校外教育支出部分作为被解释变量。由于大量家庭的校外教育支出为0，所以这里仅报告Tobit模型的估计结果，具体如表8所示。从表8中可以发现，房产财富和家庭对子女的教育支出的关系与之前结果基本一致，且影响大小接近，这说明，房产财富主要影响家庭对子女教育的校外支出部分。

表8 校外教育支出分析：Tobit模型估计结果

变量	（1）全样本	（2）儿童组	（3）青少年组
房产总值	15.345*** (4.554)	14.216*** (5.364)	7.042 (4.935)
房产总值平方	−0.023** (0.009)	−0.022** (0.011)	—
联合估计	0.169***	0.156***	—
样本量	4127	2652	1475

注：所有回归中都控制了其他解释变量、年份固定效应和城市固定效应；括号中的数字是在家庭层面进行聚类调整的稳健标准误；***、**、*分别表示1%、5%、10%的显著性水平。

综上所述，稳健性检验结果和异质性分析结果与本文的基本回归结果大体一致：由房产市场发展带来的房产财富增值对家庭在子女教育方面的支出产生正向影响，而且处于小学及幼儿园阶段的儿童受到的影响更加明显。

七、异质性分析

（一）子女结构差异分析

本文在回归模型中加入"房产财富与独生子女虚拟变量"的交互项以及"房产财富的平方项与独生子女虚拟变量"的交互项，并控制了相同的其他控制变量，以考察在拥有不同子女结构（独生子女、非独生子女）的家庭中，房产财富价值对子女的教育投入是否有不同程度的影响（见表9）。

表9 异质性分析

变量	全样本(1)	儿童组(2)	青少年组(3)	全样本(4)	儿童组(5)	青少年组(6)
房产总值	19.545*** (6.862)	21.514*** (7.273)	18.635* (6.550)	−7.178 (5.016)	−11.351 (13.677)	−6.082 (7.404)
房产总值平方	−0.013 (0.020)	−0.029* (0.017)	—	0.011 (0.007)	0.034 (0.031)	—
房产总值*独生子女	20.957*** (5.683)	44.187*** (8.449)	22.775*** (8.504)			
房产总值平方项*独生子女	−0.009 (0.007)	−0.078*** (0.019)				
房产总值*男孩				−0.677 (8.779)	−0.370 (10.151)	−15.556 (8.971)
房产总值平方项*男孩				−0.015 (0.028)	−0.001 (0.027)	—
样本量	4246	2707	1539	4246	2707	1539

注：所有回归中都控制了其他解释变量、年份固定效应和城市固定效应；括号中的数字是在家庭层面进行聚类调整的稳健标准误；***、**、*分别表示1%、5%、10%的显著性水平。

表9中第（1）至第（3）列显示，在全样本组、儿童组和青少年组中，独生子女家庭和非独生子女家庭对孩子的年均教育投入确实存在明显差异，独生子女家庭每年对孩子的教育投入明显超过非独生子女家庭，并且在统计上是十分显著的。这与之前的研究发现基本一致，在独生子女家庭中，家庭将绝大部分资源（物质资源和精神关怀）都分配给了唯一的子女，家庭的房产财富价值越大，家庭的总财富越多，家庭投入孩子教育方面的资金也相应增加。

（二）性别差异分析

前文提到，家庭的教育投资决策可能因子女性别差异而有所不同。本文将在模型中加入"房产财富与男孩虚拟变量"的交互项和"房产财富平方项与男孩虚拟变量"的交互项，以考察是否家庭房产财富对子女教育投资决策因子女性别不同而产生不同的影响。

表 9 的第（3）至第（6）列中交互项的系数都不显著，说明在城市家庭中，房产的多少对家庭子女教育投资决策的影响不会因孩子的性别不同而产生明显差异，即在城镇地区，无论是男孩还是女孩，家长都会同等对待，这也符合当今社会的发展趋势。

八、结论

本文利用 CFPS 2010 年、2012 年和 2014 年三期面板数据估计了城镇房产财富对家庭教育投资决策的影响。结果表明：对于子女处于小学或者幼儿园阶段的城镇家庭来说，家庭的房产财富与家庭对子女的教育支出存在非线性的倒 U 形关系；而对于子女处于初中或者高中阶段的家庭，二者存在线性关系。本文的发现与之前研究结果不同，房产财富和家庭教育投资之间并不是简单的促进或者挤出关系，而是一种非线性关系。并且，如果孩子处于不同的学龄阶段，家庭对子女的教育投入决策会存在差异。这些发现为研究房产市场对城镇家庭教育投资决策的影响提供了新的实证依据。

如果城镇家庭房产财富与家庭对孩子教育投资决策之间存在非线性的倒 U 形关系，那么房价的持续上涨以及房地产市场的泡沫会加剧人力资本的差距，即拥有更多房产财富的家庭会有更多的资源分配给孩子，使其接受更好的教育。而相比之下，房产财富较少的家庭可利用的资源仍然稀缺。由于家庭经济背景的不同，这种人力资本积累方面的差距在未来会体现为个人收入差距，社会不平等在某种程度上很可能通过教育投入的不平等进行代际转移，从而使这种差距进一步拉大。所以本文认为，中国房地产市场的发展可能是造成人力资本代际差距的另一途径，那么抑制房价的过快和不合理上涨很可能有利于缓解这种不平等现象。政策制定者或许应该更加关注那些房产财富较少的家庭，处理好教育政策和房产政策之间的关系。

参考文献

[1] 李凤，罗建东，路晓蒙，邓博夫，甘犁. 中国家庭资产状况、变动、趋势及其影响因素 [J]. 管理世界，2016（2）：45 – 56，187.

[2] FANG H, GU Q, XIONG W, ZHOU L‐A. Demystifying the Chinese Housing Boom [J]. NBER Macroeconomics Annual, 2015, 30: 105‐166.

[3] 王俊秀. 注意：中国家庭的教育投入可能出现拐点 [J]. 成才之路, 2008 (14): 89.

[4] BECKER G S, LEWIS H G. On the interaction between the quantity and quality of children [J]. Journal of Political Economy, 1973, 81 (2): 279‐288.

[5] ROSENZWEIG M, WOLPIN K. Testing the Quantity‐quality Fertility Model: The Use of Twins as a Natural Experiment [J]. Econometrica, 1980, 48 (1): 227‐240.

[6] HANUSHEK E A. The Trade‐off between Child Quantity and Quality [J]. Journal of Political Economy, 1992, 100 (1): 84‐117.

[7] FAN C S. Child Labor and the Interaction between the Quantity and Quality of Children [J]. Southern Economic Journal, 2004, 71 (1): 21‐35.

[8] LI H, ZHANG J, ZHU Y. The quantity‐quality trade off of child in the developing country: Identification using Chinese twins [J]. Demography, 2008, 45: 223‐243.

[9] 甘宇. 家庭收入、未成年子女数量与城市家庭教育投资 [N]. 广州大学学报 (社会科学版), 2015 (3): 60‐63.

[10] 李红伟. 中国城镇居民家庭教育消费实证研究 [J]. 教育与经济, 2000 (4): 1‐7.

[11] 李通屏. 家庭人力资本投资的城乡差异分析 [J]. 社会, 2002 (7): 11‐14.

[12] 李实, 李文彬. 中国教育投资的个人受益率的估计 [M] 赵人伟, 基斯·格里芬, 主编. 中国居民收入分配研究. 北京：中国社会科学出版社, 1994: 335‐345.

[13] 赖德胜. 教育与收入分配 [M]. 北京：北京师范大学出版社, 2001.

[14] 李旻, 赵连阁, 谭洪波. 农村地区家庭教育投资的影响因素分析——以河北省承德市为例 [J]. 农业技术经济, 2006 (5): 73-78.

[15] HASHIMOTO K, HEATH J A. Income Elasticities of Educational Expenditure by Income Class: The Case of Japanese Households [J]. Economics of Education Review, 1995, 14 (1): 63-71.

[16] 孙昂, 姚洋. 劳动力的大病对家庭教育投资行为的影响——中国农村的研究 [J]. 世界经济文海, 2006 (1): 26-36.

[17] BOSTIC R, GABRIEL S, PAINTER G. Housing wealth, financial wealth, and consumption: New evidence from micro data [J]. Regional Science and Urban Economics, 2009, 39 (1): 79-89.

[18] WANG S. State Misallocation and Housing Prices: Theory and Evidence from Rural China [J]. American Economic Review, 2011, 101 (5): 2081-2107.

[19] WANG S Y. Credit Constraints, Job Mobility, and Entrepreneurship: Evidence from a Property Reform in China [J]. Review of Economics and Statistics, 2012, 94 (2): 532-551.

[20] HEATON J, LUCAS D. Portfolio Choice and Asset Prices: The Importance of Entrepreneurial Risk [J]. The Journal of Finance, 2002, 55 (3): 1163-1198.

[21] COCCO J F. Portfolio Choice in the Presence of Housing [J]. Review of Finance Studies, 2005, 18 (2): 535-567.

[22] 何兴强, 史卫, 周开国. 背景风险与居民风险金融资产投资 [J]. 经济研究, 2009 (12): 119-130.

[23] 张亚惠. 住房对中国家庭股市参与的影响——基于CHFS数据的实证研究 [D]. 成都: 西南财经大学, 2013.

[24] 吴卫星, 沈涛, 蒋涛. 房产挤出了家庭配置的风险金融资产吗?——基于微观调查数据的实证分析 [J]. 科学决策, 2014 (11): 52-67.

［25］骆祚炎. 城镇居民金融资产与不动产财富效应的比较分析［J］. 数量经济技术经济研究，2007（11）：56－65.

［26］周弘. 住房按揭贷款如何影响家庭金融资产配置——基于家庭财务报表视角的实证研究［J］. 经济经纬，2015（1）：150－155.

［27］李涵，李江一. 住房对家庭创业的影响：来自 CHFS 的证据［J］. 中国经济问题，2016（2）：53－67.

［28］FU S, LIAO Y, ZHANG J. The Effect of Housing Wealth on Labor Force Participation：Evidence from China［J］. Journal of Housing Economics，2016，33：59－69.

［29］谢宇，胡婧炜，张春泥. 中国家庭追踪调查：理念与实践［J］. 社会，2014（2）：1－32.

［30］KOENKER R, BASSETT G. Regression Quantiles［J］. Econometrica，1978，46（1）：33－50.

［31］POWELL J L. Censored Regression Quantiles［J］. Journal of Econometrics，1986，32：143－155.

［32］CHERNOZHUKOV V, FERNÁNDEZ － VAL I, KOWALSKI A E. Quantile regression with censoring and endogeneity［J］. Journal of Econometrics，2015，186：201－221.

数字技术赋能突发公共卫生事件治理研究
——以新冠肺炎疫情防控为例

◎胡平平

湘潭大学公共管理学院，湖南湘潭，411105

摘　要：新冠肺炎疫情作为典型的突发公共卫生事件，是我国治理现代化进程中的一次考验。以相似匹配技术、聚类分析及描述统计、大数据关联规则、区块链技术为代表的四种数字技术在此次疫情防控和精确治理中发挥了突出作用，有力地推动了治理体系和治理能力现代化。但也应当看到，数字技术赋能仍暴露出其不足之处，具体体现在数据使用碎片化、数字异象化、协同治理体系尚未完善等方面。对此，应通过改进疫情防控中的信息与沟通、健全疫情信息管理的个人隐私保护体系、完善顶层设计等举措，提升大数据背景下的精确治理效能，建设符合国情的、更加完善的治理体系。

关键词：数字技术赋能　突发公共卫生事件　精确治理　疫情防控

新型冠状病毒肺炎（Corona Virus Disease 2019，COVID-19），简称新

冠肺炎。新冠肺炎疫情具有罹患率高、感染力度大、持续时间长等特点，是中华人民共和国成立以来防控难度最大的一次重大突发公共卫生事件。经过全党全国人民的艰苦努力，此次疫情防控取得了重大战略成果，向全世界展示了中国特色社会主义制度的优越性。值得注意的是，数字技术赋能突发公共事件管理的巨大潜能也在此次疫情防控中展现出来。2020年2月14日，习近平总书记在中央全面深化改革委员会第十二次会议上指出，要鼓励运用大数据等数字技术，在疫情监测分析、病毒溯源、防控救治、资源调配等方面更好地发挥支撑作用。随着数字化技术的不断发展，数字技术应用社会治理为多主体交互带来了新机遇，提供了新渠道。在防控新冠肺炎疫情的非常态时期，如何更好地发挥数字技术的作用，提升抗击疫情的抗逆力，构建起完善的抗击疫情体系，就是"打胜仗"的关键。[1]

一、突发公共卫生事件与数字技术赋能的内涵、外延及相关研究

（一）突发公共卫生事件及数字技术赋能的定义

根据中国疾病预防控制中心的定义，突发公共卫生事件是指突然发生并造成或者可能造成社会公众健康严重损害的重大传染病疫情、群体性不明原因疾病及其他严重影响公众健康的事件。突发公共卫生事件以其扩散的广泛性、危害的复杂性、传播的迅速性和社会关注联系的紧密性等特点，对人们日常生活及生产活动造成巨大的影响。从事件强度属性看，突发公共卫生事件具有低频率性、较强的影响性和不可控性；从事件时间属性看，突发公共卫生事件发生具有不确定性，且持续时间通常较长；从距离和扩散范围看，突发公共卫生事件波及范围广，产生的关联影响较大。新时代下需要以系统化的思想、科学化的防控手段积极应对突发公共卫生事件，尽可能减少其对经济社会生产生活产生的破坏性。"赋能"一词最初来源于现代管理学及心理学中的授权赋能理论，是指给予特定主体某种能力的过程[2]。从数字化精确治理的角度看，数字技术赋能公共卫生事件并提供精确治理服务，实际上就是将数据作为政府危机决策及治理的重要依据，提

高政府治理精准化的过程。此次新冠肺炎疫情下数字技术赋能突发公共卫生事件治理，是以运用大数据技术、整合数据资源与提升数据决策能力为手段的一次精确治理，体现了"大数据+治理"的逻辑取向，在一定意义上推动了治理效能的提升。

（二）相关文献梳理

国内外有关突发公共事件应急管理的研究已经较为成熟。就存在的问题而言，吕孝礼等梳理了国内五年来公共管理领域各学者对危机管理的研究成果，并对危机管理研究现状和发展趋势作出了自己的评述。他认为，我国对公共危机发生时和暴发后的研究不足，特别是在有效应对危机的措施和危机后的处理方面，研究还有较大的完善空间。此外，公共危机管理的应用类研究占据主导，理论检验和理论建构欠缺，对危机和危机管理现象的内涵、外延及规律的研究有待进一步深入。[3]张海波认为，中国应急管理的全过程机制存在的主要问题是不均衡，具体有五大表现：一是忽略了风险防患；二是风险监控中的机动性、持续性不足；三是预警机制与后续反应机制的紧密程度不足，存在割裂；四是对舆情回应的控制缺乏重视；五是缺少较为有效的学习机制。[4]在完善公共部门危机管理的对策方面，金华认为，政府作为单极治理主体，单凭自身力量无法快速、高效地应对公共危机。因此，想要有效治理公共危机，可以通过社会组织的独特优势与功能发挥作用。新时代应从新公共治理的全新视角来重新审视政府、市场和社会之间的关系，重视社会力量。此外，应从政府层面、社会组织层面以及社会心理文化层面入手，营造良好的法律制度环境。严格规范社会组织内部治理，增强其参与公共危机治理的能力和水平，加强现代公民文化建设，有序推进我国社会组织参与公共危机治理的进程。[5]王薇认为，影响应急管理效果的关键性因素是政府横向及部门之间的互动。因此，必须避免政府结构的碎片化，建立区域间利益补偿机制，并运用数字网络技术使高效的信息共享和行动整合平台成为可能，从而构建跨域突发事件府际合作应急联动机制，以提高我国的危机管理能力，提升国家治理能力现代化水平。[6]

具体到重大突发公共卫生事件的危机管理，不少学者也展开了一系列的研究。白丰硕认为，我国突发公共卫生事件管理存在诸多问题，如对卫生管理不够重视、投入欠缺、民众风险意识不足、危机教育的缺少与滞后等。他通过分析总结各个国家突发公共卫生危机预警体系，探究建设公共卫生危机预警机制的理论根源与先进经验。并提出，构建系统有效的突发公共卫生应急体系，应当科学高效地制订总体应急方案，并完善符合我国国情的危机决策制度、预警责任机制，同时加强政府间各部门的协同合作，重点培养高素质公共卫生人才。[7]肖颖针对我国公共卫生管理现状提出了我国公共卫生管理体制改革的具体措施：首先，需借鉴国外经验，建立健全相关的法律法规；其次，应在非典防控中吸取教训，构建合理完善的突发公共卫生事件应急体系，提高政府在突发卫生事件下的应急救治能力；再次，通过加大财政支出提供保障；最后，还应保证信息公开流通，让全社会能够及时了解公共信息，一旦有重大的疫情发生，能够迅速地做出处理，将危险因素控制在一定范围内。[8]

随着科技的进步和互联网的普遍渗透，学术界开始兴起众多数字技术驱动公共管理发展的研究，学者们也逐渐加大对数字技术赋能公共卫生危机管理的关注力度。以此次新冠肺炎疫情防控为例，学者们主要从三个方面对数字技术赋能公共卫生事件治理进行更深一步的研究。一是探究数字技术对公共管理带来的影响。刘诚等以新冠肺炎疫情为准自然实验，检验中国286个地级市及以上城市政务信息化水平对疫情防控的作用，发现政务数字化可以提高疫情防控的公共政策效率，且社区层面的人口信息登记在疫情防控中起到突出作用。[9]二是研究数字技术在赋能中产生的问题。张峰等认为，疫情导致了数字技术支撑下生产与生活的综合性变革，但数据共享在推动城市精准治理的同时也增加了隐私泄露的风险，产生数字鸿沟，可能加剧社会矛盾。对此，须增强数据隐私安全保障，关注数字鸿沟贫瘠一方，提升数字资源在不发达地区的渗透度和利用度，为"疫后新常态"的健康发展保驾护航。[10]三是提出了完善数字化治理的对策建议。张薇、陆小成基于五要素视角剖析了重大疫情应急管理机制从建立初期到不断改进的过程，并针对我国重大疫情应急管理中风险点，提出了引入大数据、运用区块链技术改进疫情防控中的信息与沟通、构建重大疫情全方位监控体系等改进措施。[11]张瑞利等通过分析疫情对社区治理的冲击，提出应当依托"互联网+"应急管理平台的作用，进一步建立应急预案，构建信息平台，提升社区抗逆力水平。[1]

近年来研究数字技术赋能精确治理的科研人员主要来自各地高校、情报调研中心、经济研究所等机构。科研人员身份的日趋多元化及各学科的交叉融合，反映出如何运用数字化技术提高治理能力现代化也已成为社会及学术界关注的焦点。目前，数字技术赋能公共卫生事件治理在我国呈现出一定的优势和成效，但如何最大限度地利用好数字技术，弥补当前存在的问题短板，值得进一步思考。本文基于数字化赋能理论，以新冠肺炎疫情防控为例，从相似匹配技术应用、聚类分析及描述统计应用、大数据关联规则应用、区块链技术应用四个方面分析数字技术在重大突发公共卫生事件治理中发挥的具体作用，为数字化治理体系建设的完善提出建议。

二、数字技术赋能突发公共卫生事件治理的具体体现：以新冠肺炎防控为例

在本次新冠肺炎疫情中，数字技术赋能有效地推动了防控工作的进行。其中，相似匹配技术、聚类分析及描述统计、大数据关联规则、区块链技术发挥了突出的作用。

（一）利用相似匹配技术明确传染源头

相似匹配是常见的数字技术之一，指通过科学方式来计算两个数据的相似程度，并将这个程度用百分数来衡量。该技术在新型冠状病毒（以下简称新冠病毒）基因序列匹配领域发挥了关键性的作用。2019年12月武汉出现多个不明原因肺炎病例，此后，中国的医学科研机构率先从病例中获得了新冠病毒的全基因组序列，并发现该病毒是一种从未被报道的冠状病毒，与Sars冠状病毒有79.5%的序列一致性。2020年1月23日，中科院武汉病毒研究所研究发现，该病毒序列与一种蝙蝠携带的冠状病毒在全基因组水平上相似度高达96%，这种蝙蝠可能是新冠病毒的来源。2020年2月

7日，华南农业大学在广东省防控发布会上指出，通过对1000多份宏基因组样品进行分析发现，在穿山甲分离的病毒株与目前感染人的毒株，序列相似度高达99%，这说明穿山甲可能是新冠病毒的潜在中间宿主。基因匹配技术的运用有利于摸清传染源头，明确传播方式和掌握病毒变异趋势，对本次疫情的源头追查和控制有重大的意义，也为进一步完善野生动物管控政策提供了科学依据。

（二）运用描述统计和聚类分析实现联防联控

描述统计是大数据分析的一种常见形式，指通过数学分析方法及图表分析对数据资料进行处理，从而对来源信息的数字特征、分布情况、随机变量之间的关系进行描述。此次疫情中，一些折线图、柱状图等描述统计图表反映了地区累计确诊数量、当天确诊数量、死亡数量、疑似病例等信息。

聚类分析则是数据挖掘中的一种常用技术方法，它通过衡量不同数据源间的相似性，根据在数据中发现的描述对象及其关系的信息，把数据源分类到不同的簇中。在聚类分析中，同组内对象相互之间是相似的，不同组中的对象则有很大的相异性。此次疫情暴发于湖北武汉，其发生和流行具有地域性特点，因此专家学者利用地理信息系统，结合K-means聚类分析方法，对疫点的空间分布特征按疏密关系进行分类，实现空间上对疫点的划分。基于该数字技术，疫情期间很多平台将确诊数字转换为颜色深浅不同的图像呈现在地图上，直观展示全国各地区的疫情情况。以浙江省的"疫情信息采集系统"为例，该系统于2020年1月29日正式上线，覆盖浙江全省11个地市卫健委、90个区县卫健局、上千个基层防控工作小组，使用人员超过1200人。[12]该系统运用聚类分析方法，用不同颜色及大小的点在系统上实时显示全省感染情况，不仅能帮助政府及时获得直观、准确的数据，并根据数据做出有针对性的防控决策和进行科学调配，还使社会大众直观了解到当地的疫情发展，一定程度上缓解了社会焦虑和恐慌情绪。

此外，还可将描述统计及聚类分析两种数字技术相结合，通过空间之类的算法对所监测范围内的疑似病例、确认病例、与病例接触者的距离及位置关系等疫点数据进行分析，帮助防疫工作人员了解疫情空间分布情况和发展趋势，采取相应的防控措施，合理有效配置卫生、人力和物力资源。

（三）运用大数据关联规则辅助疫情排查防控

关联规则反映一个事物与其他事物之间的相互依存性和关联性。在数据挖掘中，该规则用于从海量繁复的数据中定位出有价值的两项数据的相关关系。关联规则的运用也为此次疫情防控作出极大贡献。百度人口的迁徙大数据反映出全国各地人口的迁入率和迁出率，将这一数据与疫情数据结合分析，可以探索疫情空间分布和人口迁徙之间的关联，进而辅助疫情防控决策的制定。有关数据显示，在新冠肺炎疫情暴发初期，确诊人员和有湖北武汉停留史的居民存在一定的关联性。因此，建议就诊人员如实向医生描述旅行史、居住史及接触史，方便医生进行有针对性的检查和治疗。此外，基于关联规则，各地有针对性地收集个人出行信息，根据整合数据形成个人防疫健康信息码，为全国人口跨区域有序流动提供了个人健康信息证明和可追溯的行踪记录。该举措有利于相关政府部门锁定可能受感染的人群，防止出现人口跨省流动导致的交叉感染，以及帮助政府及时地调整防控策略和应急资源管理方案，实现联防联控，全面排查，把握住应急处理的"黄金窗口"。

（四）利用区块链技术提高资源调配效率

2019年10月，习近平总书记在中共中央政治局第十八次集体学习时指出，区块链技术应用已延伸到数字金融、物联网、智能制造、供应链管理、数字资产交易等多个领域。这次新冠肺炎疫情不仅是对国家治理体系和治理能力的一次大考，也检验了我国区块链、人工智能、云计算等新技术的应用成效。区块链数字技术最大的特点是具有高度同步性、信息传递透明性及不可随意篡改性，这与疫情期间物资供给需要精准匹配的需求高度吻合。以疫情期间的资源调配为例，疫情暴发初期我国曾遇到口罩短缺的问题。熔喷布作为制作口罩的关键材料，应用领域很广，市场上有大量弹性熔喷布供给。政府通过信息化、智能化的供应链平台，高效集中管控熔喷布生产线，全力保障口罩的生产和供应。发展改革委表示，疫情过后对于富余的口罩产量，政府将予以收储，企业可以开足马力组织生产。受春节返乡的影响,截至 2020 年 1 月 24 日,我国口罩单日产能预计不到 800 万只。但到了 2020 年 2 月 5 日,我国口罩产能就已恢复近 70%,日产量达 1480 万只。此外,区块链可以快速精准地追溯物资的整个流程,确保物资正确配送,防止物资隐瞒、错运等情况的发生,并保证物资质量保持最高标准。疫情下区块链技术赋能政府资源调配,做到了物资的精准测算、科学调度和合理分配。

三、数字技术赋能突发公共卫生事件治理中存在的现实问题

在统筹推进疫情防控和恢复经济发展的社会治理过程中,上述四类数字技术展现出独特的优势,发挥了积极的作用。但同时必须看到,数字技术在赋能突发公共卫生事件方面仍有不足之处,具体体现在数据使用碎片化及数据间交互不够通畅、数字异象化、协同治理体系尚未完善等方面。

(一)数据使用碎片化,数据间交互不够通畅

"互联网+"时代下各类信息交互频繁,数据量激增。公共治理体系的数字化编码尚未完善,大数据碎片化特征仍比较明显。尤其是在新冠肺炎疫情防控过程中,数据信息纷繁复杂,处理起来难度很高。如果缺少有效的数据交互、融合与分析,很容易形成"数据烟囱"。各地疫情防控的经验与教训都表明,数据的真实、准确、可信、可证,是重大突发公共卫生事件中精确治理取得成效的关键。可以说,只有真正建立在可靠、准确的数据基础之上,公共卫生事件治理体系才能畅通高效运转。

(二)错误的应用使得数据异象化出现

数据异象化是指对数字技术规则的制定远远落后于数字化实际应用,导致出现使用大数据的初衷改变甚至相反的异化现象。以此次新冠肺炎疫情防控为例,为实现疫情防控下的精确治理,全国各地政府和获得授权的私营部门开始收集并披露出入公共场所、搭乘公共交通的居民信息。但某些部门在采集信息时,没有把握好信息披露程度,导致居民的个人隐私被泄露和扩散在微信群、网络平台,这不仅影响到当地居民的正常生活,也加深了居民对政府的信任危机。在数字技术赋能公共卫生治理体系的过程

中，居民个体既是大数据的生产者也是使用者，其参与公共管理监督与社会治理的权重将增加。如果不能处理好数字技术的长远发展与个人隐私之间的平衡问题、监督好对数字技术的管理与使用、设置好数据采集过程中的阈值，社会事件可能被引发，并借助数字平台不断发酵升级，产生较大的社会影响。

（三）信息管理与疫情防控之间有较大裂痕，协同治理体系尚未完善

在大数据时代下，数字技术赋能的意义在于利用各类新兴技术对治理资源进行全要素整合，为政府实现社会精确治理提供渠道和平台。但在此次疫情中，一些公共部门的信息管理与防控实践衔接不畅，存在较大裂痕，政府部门之间的协同度也需要进一步提升。中国经济信息社、中国信息协会和中国城市规划设计研究院联合发布的《中国城市数字治理报告（2020）》显示，从数字基础设施、数字行政服务、数字公共服务、数字生活服务四个维度评估，武汉的城市数字治理水平位列全国第五，率先受益数字化，领跑中西部城市。但是在疫情防控初期，武汉的城市数字治理能力在舆情控制与辟谣、物资运转与保障、社区封闭管理等方面并没有体现应有的优势，甚至一度陷入了被动的局面。中央指导组副组长、中央政法委秘书长陈一新在主持召开武汉督导工作总结会时说道："这次抗疫表明，推进市域社会治理现代化具有极端重要性。"此外，尽管在抗击新冠疫情过程中，公众参与度较高，但动态网络协同治理体系仍未被有效构建。因此，在疫情稳定后，应该重新考虑重塑治理体系，防止数据收集和实际应用的割裂，真正发挥数字技术驱动政府治理的潜在价值。

四、后疫情时代提升数字技术赋能突发公共卫生事件治理水平的实施方略

在此次新冠肺炎疫情中，我国从传统管理向现代治理转变，开启了突发公共卫生事件治理模式的一次重大变革，有很多问题值得政界与学术界反思。后疫情时代我国可从改进疫情防控中的信息与沟通、增强安全保障、完善顶层设计三个路径入手，进一步将数字技术引入政府治理，提升突发

公共卫生事件的治理水平。

（一）保证疫情防控中的数据共享沟通，建立高效精准的信息平台

数据只有在透明公开和自由流动的过程中才能实现其精确治理的价值，想要数字技术更好地赋能公共卫生突发事件，必须保证数据的有效共享和交互。因此，应建立健全一个高效率、精确化、快捷化的信息交流平台，最大限度地满足疫情发生时公共部门、私人部门和公民在动态决策、遏制谣言、物资调配等方面的需求。近年来，社区治理创新实践已经开始尝试依托现代信息技术优化社区网格化治理。在疫情稳定后，可以依托大数据技术打造智慧化社区治理和服务体系，连接共享基础信息平台与政府的应急管理平台，建立健全信息系统，提升社区突发事件综合应急管理能力，进一步增强社区防控的精准性、有效性，将疫情带来的社会危害降至最低，做到防患于未然。同时，将区块链技术应用于资源调配，进一步完善基于大数据及区块链技术的疫情反馈系统，同时，减少人为判断、决策的失误，做到精准化治理。

（二）健全疫情信息管理的个人隐私保护体系，增强安全保障

健全疫情信息管理的个人隐私保护体系，需从法律和技术两个维度加强数据治理安全保障。一方面，应根据治理状况、安全基础和大数据业态加快出台面向国家治理应用领域的大数据政府规章或规范性法律文件，以填补有关数字技术的专门法规存在的法律空白；另一方面，要提高积极防护意识，在数据采集、存储、传输及应用的过程中，不仅要确保大数据可信，也要确保大数据可控、可管，同时，健全疫情管理信息的个人隐私保护体系，确保各行动主体的活动符合法治秩序和伦理道德要求。

（三）建立国家治理数据中心，完善顶层设计

完善顶层设计方面，需要构建与大数据社会相匹配的多元化治理体制。2019年10月31日，党的十九届四中全会审议通过的《中共中央关于坚持和完善中国特色社会主义制度　推进国家治理体系和治理能力现代化若干重大问题的决定》明确提出，要建立健全运用互联网、大数据、人工智能等数字技术手段进行行政管理的制度规则，推进数字政府建设。[14]2020年5

月11日,《中共中央 国务院关于新时代加快完善社会主义市场经济体制的意见》进一步强调,推进数字政府建设,加强数据有序共享,依法保护个人信息。[15]一方面,应当建立关于国家治理大数据应用的标准体系和法律法规,实现对电子政务数据采集、传输和存储等的规范化管理,保障政府数据的"脱敏"及利用在安全合理的范围内,更好地发挥政府数据赋能作用;另一方面,要建立统一的公共治理数据中心,以现有的数据资源及数据库为基础,根据后疫情时代下政府部门与社会发展的相互关系,建立面向公共治理的数据中心,解决政府与政府、政府与社会之间信息系统横向存在的共享壁垒等问题,促进大数据技术在推进国家治理体系和治理能力现代化过程中的运用,提升国家治理的决策水平。

五、结语

当今世界正处于百年未有之大变局,中国特色社会主义进入新时代。此次疫情防控攻坚战向全世界展示了中国共产党领导下社会主义制度的无可替代性和优越性,也展现了数字技术赋能突发公共事件管理的巨大潜能。合理运用数字技术进行疫情溯源和精准防控,以大数据、区块链、人工智能等为引擎推动精确治理,已成为实现国家治理现代化目标的必由之路。

此次疫情防控既是一次"大考",也是一次"推手",其大大推动了国家治理体系和治理能力现代化的进程。在经济发展新常态背景下,应建立并进一步完善与数字科技相呼应的精确治理模式,重视这次疫情防控暴露出来的不足,促进大数据背景下制度建设和精确治理效能更好地转化融合,建设面向未来的治理体系。

参考文献

[1] 张瑞利,丁学娜."互联网+"背景下突发公共卫生事件中社区应急管理研究[J]. 兰州学刊,2020(7):158-168.

[2] 王超,赵发珍,曲宗希. 从赋能到重构:大数据驱动政府风险治理的逻辑理路与价值趋向[J]. 电子政务,2020(7):89-98.

［3］吕孝礼，朱宪，徐浩．公共管理视角下的中国危机管理研究（2012—2016）：进展与反思［J］．公共行政评论，2019（1）：169-216.

［4］张海波．应急管理的全过程均衡：一个新议题［J］．中国行政管理，2020（3）：123-130.

［5］金华．我国公共危机治理的挑战与回应——社会组织参与的视角［J］．甘肃社会科学，2019（4）：169-175.

［6］王薇．跨域突发事件府际合作应急联动机制研究［J］．中国行政管理，2016（12）：113-117.

［7］白丰硕．我国突发公共卫生危机预警体系的完善研究［D］．西安：西北大学，2014.

［8］肖颖．公共卫生管理体制的改革分析［J］．中国卫生产业，2017（6）：172-173.

［9］刘诚，钟春平，郑国楠．信息化提高了公共政策效率吗？——基于新冠肺炎疫情准自然实验的实证分析［J］．财经研究，2020（7）：1-16.

［10］张峰，赵乾宇．对"疫后新常态"数字化生产与生活问题的辩证思考［J］．学习论坛，2020（7）：51-61.

［11］张薇，陆小成．内控视角下重大疫情应急管理机制及完善［J］．湖南人文科技学院学报，2020（7）：38-42.

［12］北京大学课题组．平台驱动的数字政府：能力、转型与现代化［J］．电子政务，2020（7）：2-30.

［13］李进华．面向大数据时代的重大疫情信息管理理论框架及其应用［J］．现代情报，2020（7）：25-33.

［14］新华社．党的十九届四中全会《决定》（全文）［EB/OL］．［2019-11-05］．https：//china.huanqiu.com/article/9CaKrnKnC4J.

［15］新华社．中共中央国务院关于新时代加快完善社会主义市场经济体制的意见［EB/OL］．［2020-05-18］．http：//www.gov.cn/zhengce/2020-05/18/content_5512696.htm.